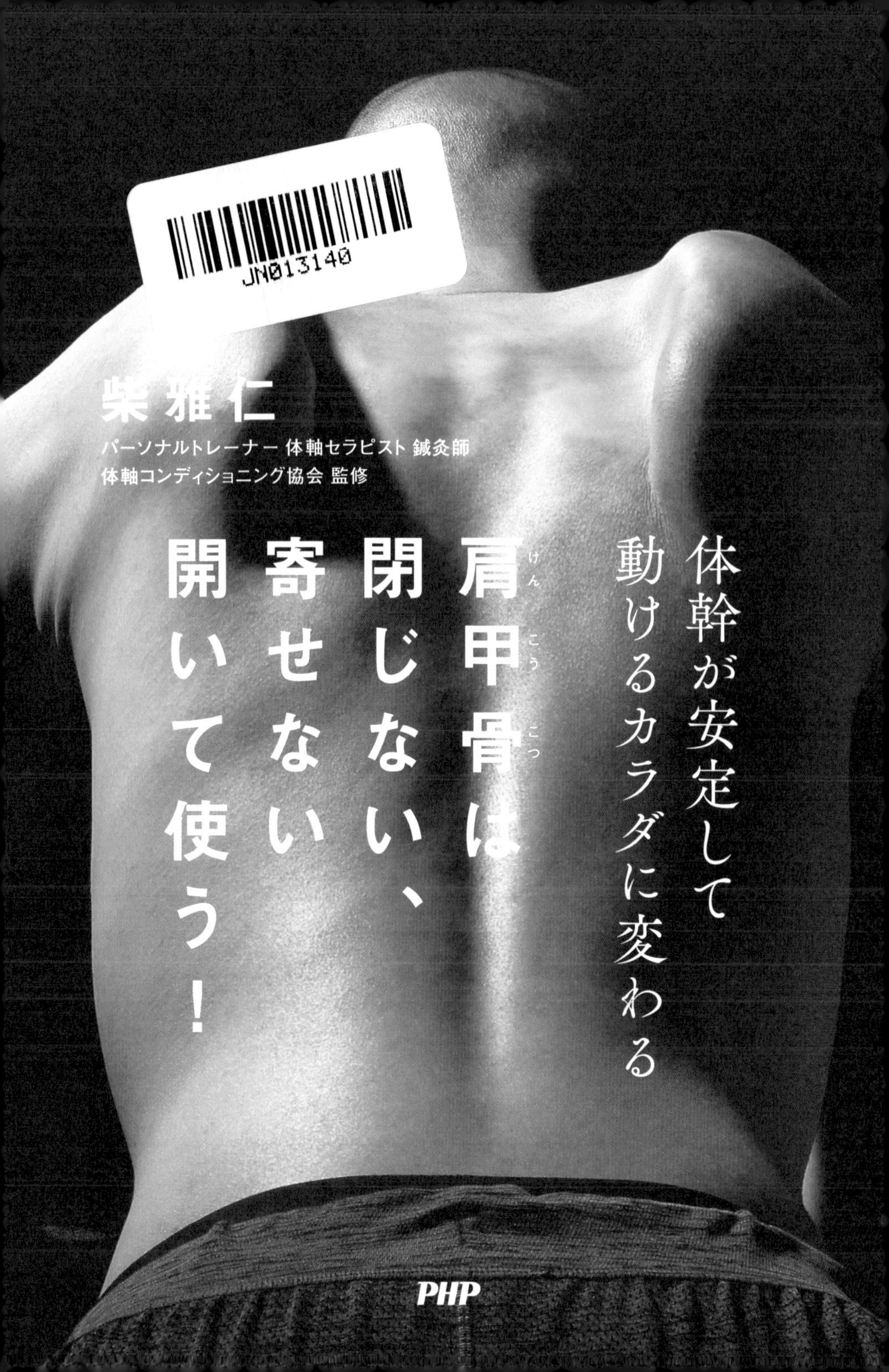



# 体幹が安定して動けるカラダに変わる 肩《けん》甲《こう》骨《こつ》は閉じない、寄せない 開いて使う！

柴雅仁
パーソナルトレーナー 体軸セラピスト 鍼灸師
体軸コンディショニング協会 監修

PHP

はじめに――

# なぜ、スポーツのパフォーマンスが
# 上がらないのか？

# なぜ、肩こりや腰のだるさが
# 慢性化して

しまっているのか?

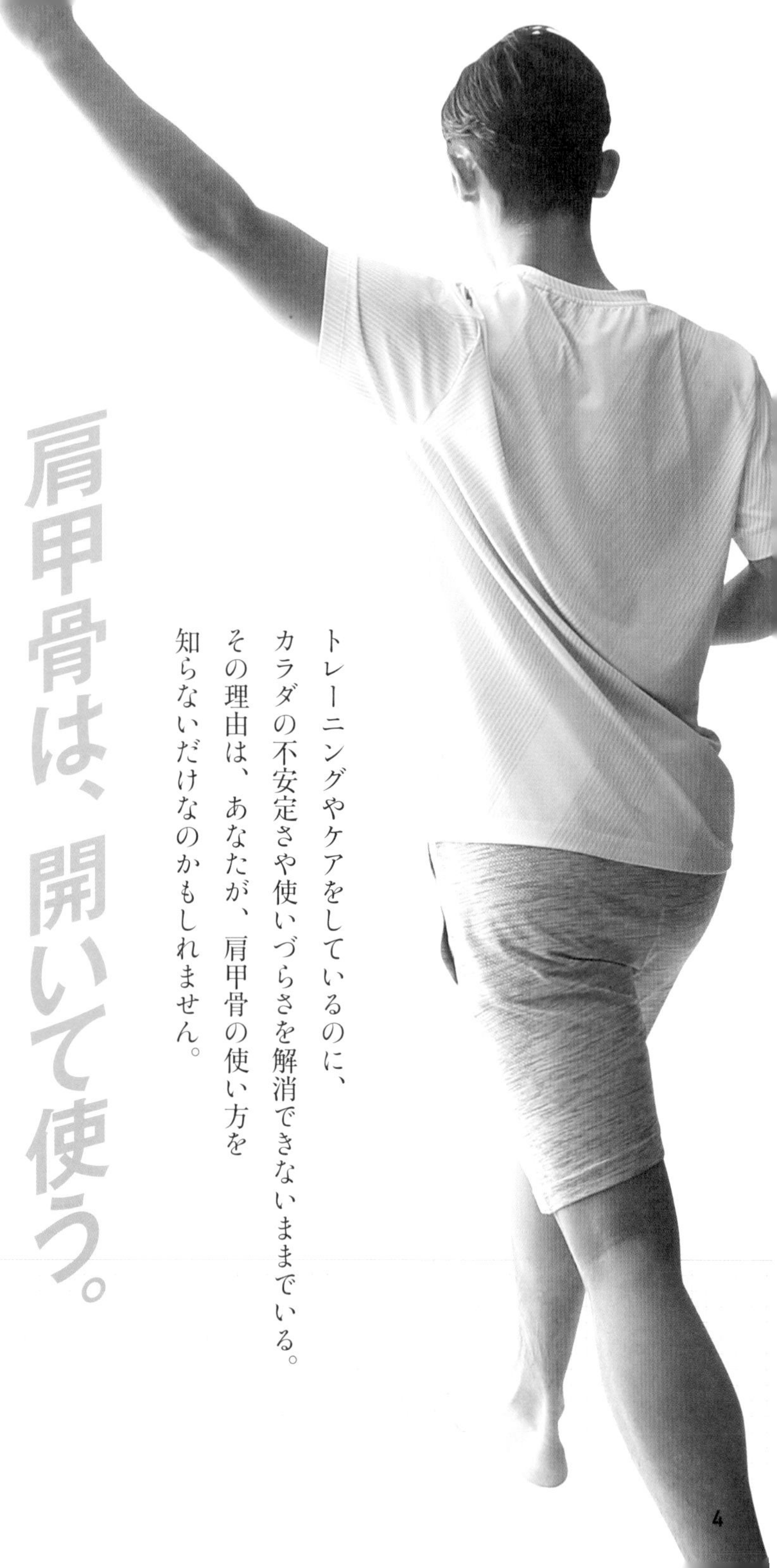

# 肩甲骨は、開いて使う。
# それだけで、
# カラダは変わります。

トレーニングやケアをしているのに、
カラダの不安定さや使いづらさを解消できないままでいる。
その理由は、あなたが、肩甲骨の使い方を
知らないだけなのかもしれません。

▼肩の動きをスムーズにして、肩の痛みや肩こりを予防・改善したい

▼腰痛を予防・改善するために、体幹を安定させたい

▼姿勢をよくしたい、見た目をキレイにしたい

▼日常の動きをもっとラクにして快適に過ごしたい

▼体幹を安定させて、スポーツのパフォーマンスを上げたい

と、本気でお考えの方は、肩甲骨の使い方のすべてを知り機能的に動かすことが、強くしなやかなカラダを手に入れる早道です。

肩甲骨は閉じない、寄せない　開いて使う！　体幹が安定して動けるカラダに変わる

# Contents

# Contents

# Contents

# Chapter 1

# 肩甲骨を「開く」とカラダが変わる!

# なぜ、肩甲骨を寄せてはいけないのか

たとえば、猫背を解消するために、はじめに思いつくのが、肩甲骨を寄せることや、胸を張ることだと思います。また、ウォーキングの指導などでも、「肩甲骨を寄せて胸を張って歩くように」というアドバイスをする場面をよく見ます。一般的なヨガのスクールなどでも、「肩甲骨を寄せるように」と、教えられた経験がある方がいらっしゃることでしょう。

具体的に、肩甲骨を寄せると、筋肉はどのような状態になるのでしょうか？

肩甲骨を寄せる動作には、菱形筋《りょうけいきん》と僧帽筋《そうぼうきん》が関係しています。これらは肩甲骨から胸椎《きょうつい》に付着しているのですが、肩甲骨を寄せて筋肉が収縮し緊張すると、胸椎は筋肉によって固定されてしまいます。すると、上下の頸椎《けいつい》や腰椎《ようつい》といった**脊柱全体の連動性がなくなり、胸椎の負担を首や腰で補うので、首や腰に疲労がたまりやすくなります。**

また、肩甲骨を寄せる動作では、僧帽筋の中部から、肩甲骨を介して、僧帽筋の上部、三《さん》角筋《かくきん》へと働きます。その結果、肩甲骨が挙上され、**肩をすくめた状態になり、肩や首がこりやすくもなります。**

猫背解消のために、肩甲骨を寄せたり、胸を張ることは、まるで意味がなく、肩甲骨を寄せる筋肉は肩を上げるため、かえって猫背を助長してしまいます。

試しに、肩甲骨を寄せて胸を張って歩いてみると、視界が広がり、歩き姿もキレイに見えます。ですが、しばらくその状態で歩き続けると、背中や首、肩が疲れてきます。疲れるということは、カラダに負担がかかっているということを意味します。

ヨガで、脊柱を伸ばすとき、肩甲骨を寄せると確かに胸部はよく伸びるのですが、寄せたまま伸ばし続けると、首や腰がつらくなります。カラダを固めながら動かしているからです。

ほかのスポーツでも同じです。野球やテニスなどでは、**肩甲骨を寄せると、僧帽筋や三角筋を固め、肩のインナーマッスルが劣位になってしまうので、肩が不安定になり、すぐに肩を痛めてしまいます。**肩甲骨を寄せながらカラダを動かすことは、ケガやパフォーマンスの低下につながってしまうのです。

***肩甲骨と関係のあるおもな筋肉***

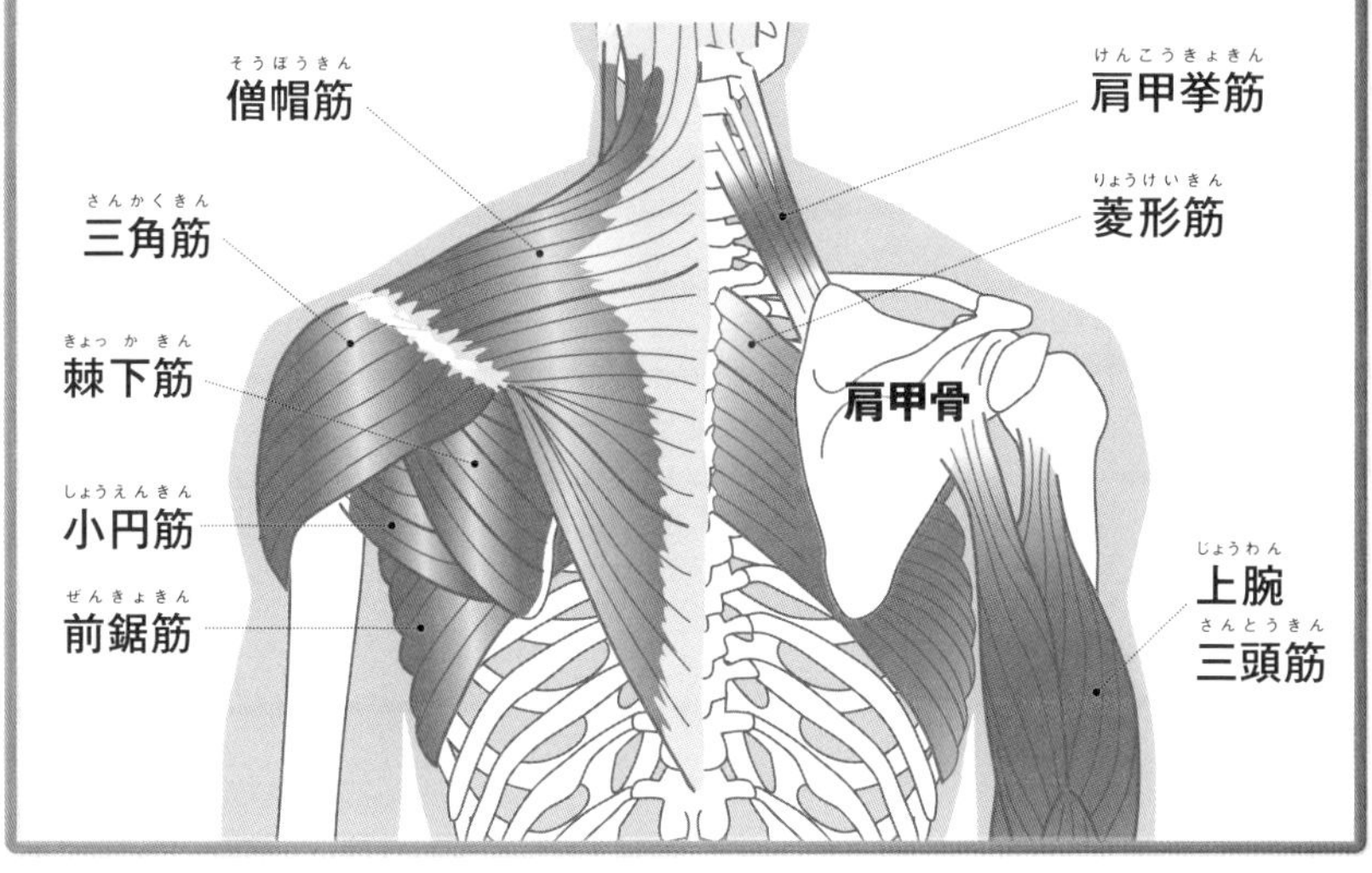

# 肩甲骨を開くとは、どういうことか

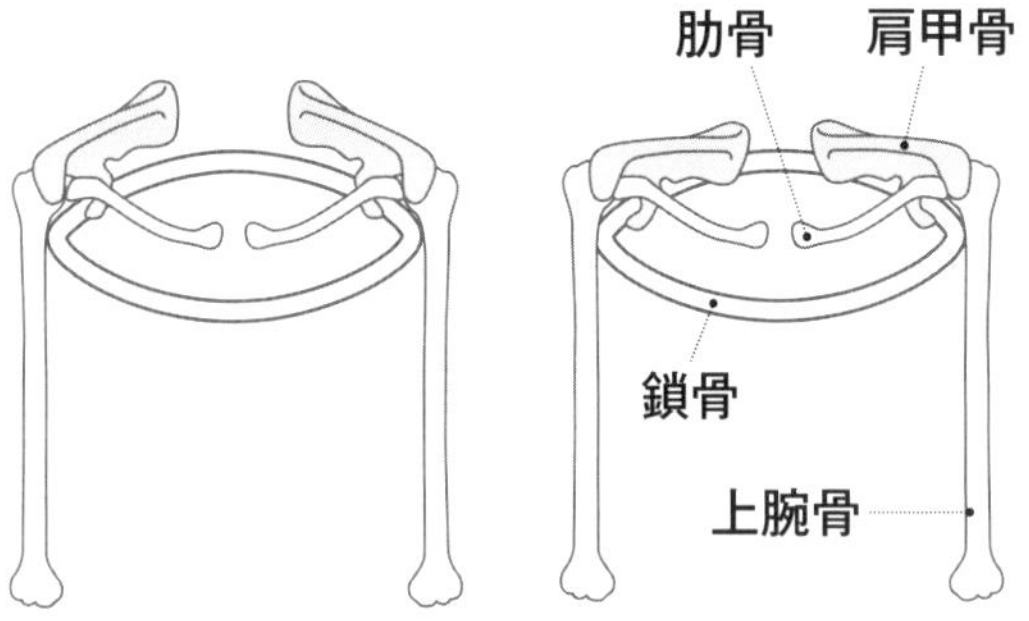


肩甲骨を開いた状態　　通常の状態

左の写真を見てください。これが、肩甲骨を開いている状態です。左右の肩甲骨の間がずいぶんと広がっています。そして、背中側の上部、左右に羽のようについているはずの肩甲骨の内側が浮いているように見えませんか？

肩甲骨を開いて使う精度が上がってくると、このように、**肩甲骨を肋骨《ろっこつ》から離す**ことができるようになります。そしてこのとき、肩甲骨と腕の骨である上腕骨がつながった状態になっています。

この状態になっているということは、**腕の動きをカラダに伝える**ということにおいて、とても重要な要素です。肩甲骨は、通常、腕の上げ下げや腕を回す運動に連動して、肋骨の上をスライドするように動きます。それが、肩甲骨を開いて使う精度が上がってくると、肩甲骨と肋骨を分離して動かせるようになるのです。

**肩甲骨と肋骨を分離して動かすことで、肩関節や胸郭の可動域が**

# 肩甲骨は開いて使う

肩関節は、肩甲骨と上腕骨から成り、鎖骨を介して、体幹とつながっている。右図の左側は、肩甲骨を開いた状態のイメージ図で、肩甲骨の内側が肋骨に対して30度以上、浮き上がっている。この状態であれば、肩甲骨と肋骨を分離して動かすことができ、肩甲骨周辺の筋肉が機能することで、肩が安定したポジションで使えるなど多くのメリットが得られる。

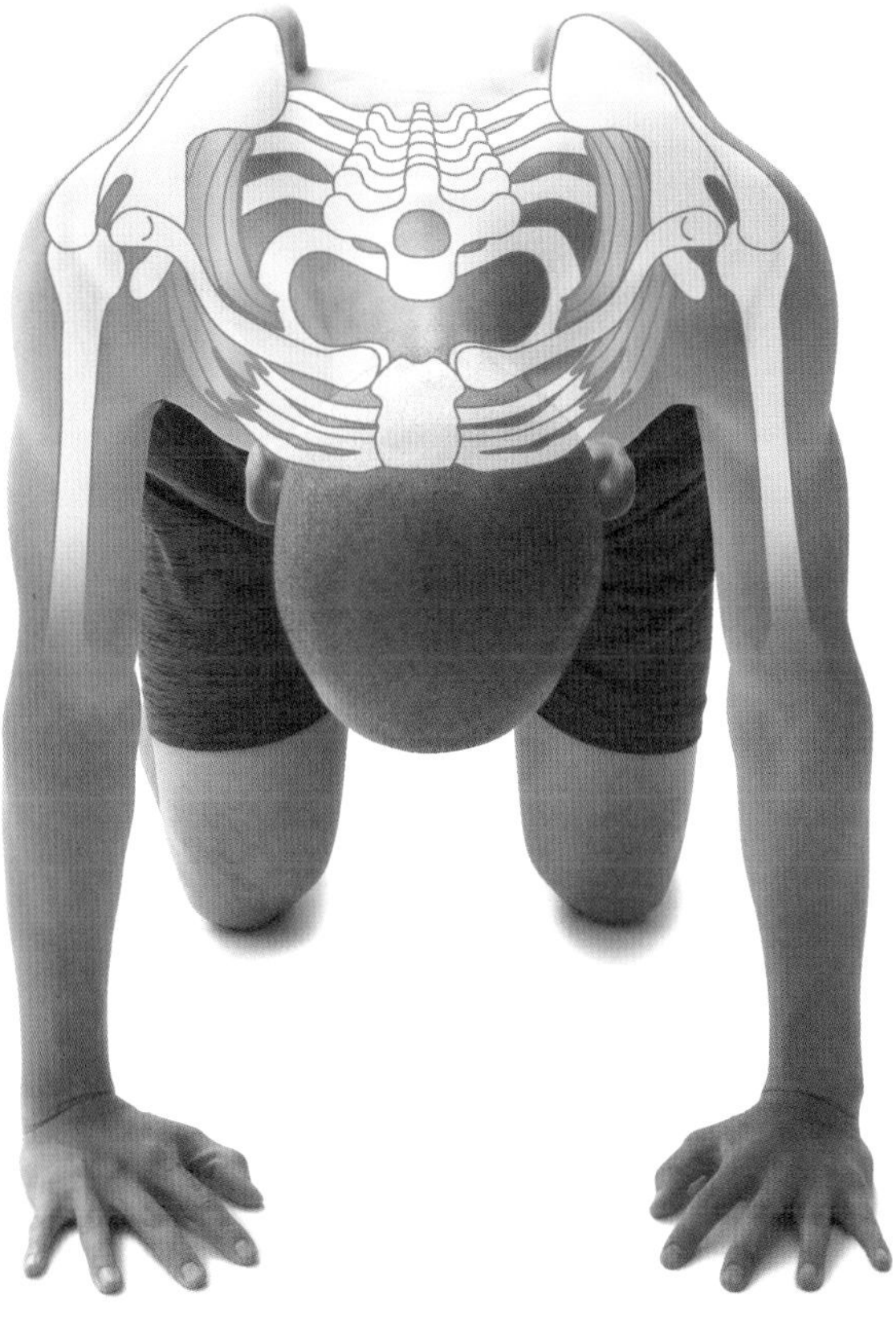

**広がると同時に、つねに肩を安定したポジションで使えるようになります。**さらに、肩甲骨を開き、肩甲骨と上腕骨がつながった状態で腕を動かすことで、肩のインナーマッスルが全体的にまんべんなく機能し、**腕の動きを利用してパワーやスピードを体幹に加えることができるようになります。**

# 肩甲骨を開くために重要なインナーマッスル、前鋸筋《ぜんきょきん》

## 機能させたいわきの筋肉

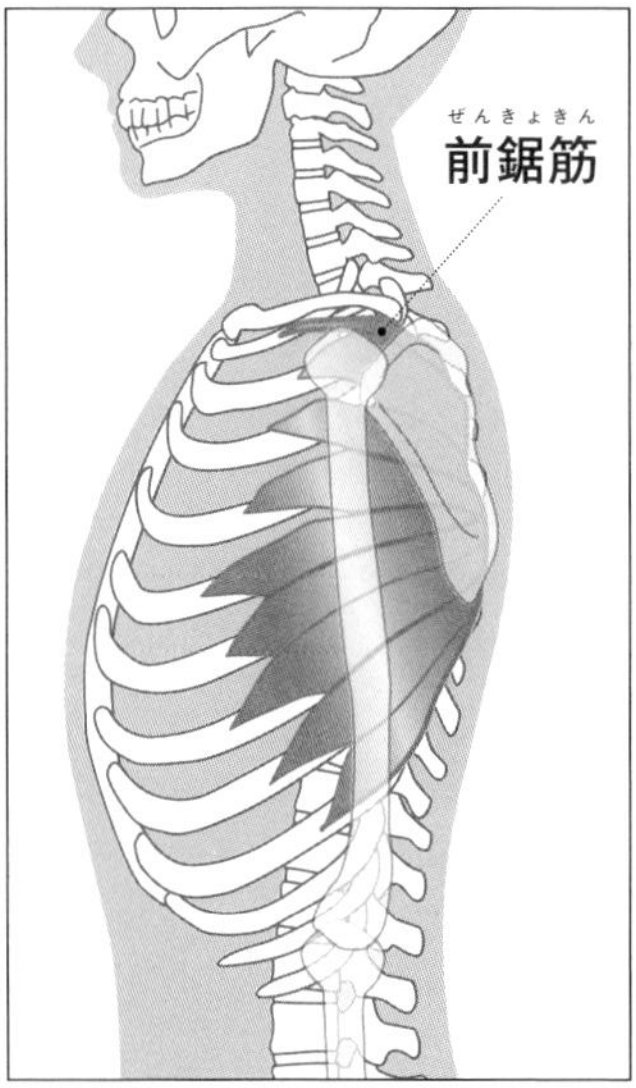


前鋸筋は、肩甲骨を開く動作においてカギとなるインナーマッスル。前鋸筋を起点に肩や体幹を安定させる筋肉が連鎖して機能する。

肩甲骨を開く動作においてカギとなる筋肉、それは、わきにあるインナーマッスル、前鋸筋です。

前鋸筋は、肩甲骨の内側から第1~9肋骨《ろっこつ》に付着している筋肉で、上から1~9番目の肋骨側面の中ほどからはじまり、肩甲骨の裏側に接合しています。

あまり知られていない地味な筋肉ですが、肩の安定には欠かせない筋肉で、肩を痛めていたり、違和感がある方は、前鋸筋の働きを高めることで痛みが緩和することが少なくありません。

また、前鋸筋は肩の動きをスムーズにしてくれる筋肉で、**①肩甲骨の上方回旋**　**②肩甲骨を前方に滑らせる**　**③肩を下げる**、などの機能があります。

なかでも、②の「肩甲骨を前方に滑らせる」とい

う機能は、肩甲骨を開く動作において、ポイントになります。なぜなら、肩甲骨を開く動作は、前鋸筋の「肩甲骨を前方に滑らせる」という機能を利用して作り出していくものだからです。

**前鋸筋を使って、わきから肩甲骨を押し込むことで、肩甲骨が前方に滑り、肩甲骨の内側を浮かせやすくなります。**そこから肩甲骨や上肢を動かす筋力を養っていき、前鋸筋をしっかり使って肩甲骨が開いた状態を作っていきます。

## 前鋸筋のおもな機能

❶ 肩甲骨の上方回旋

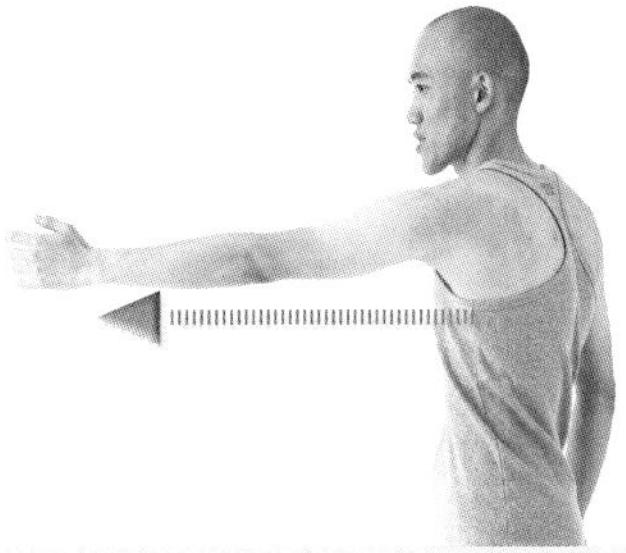

❷ 肩甲骨を前方に滑らせる

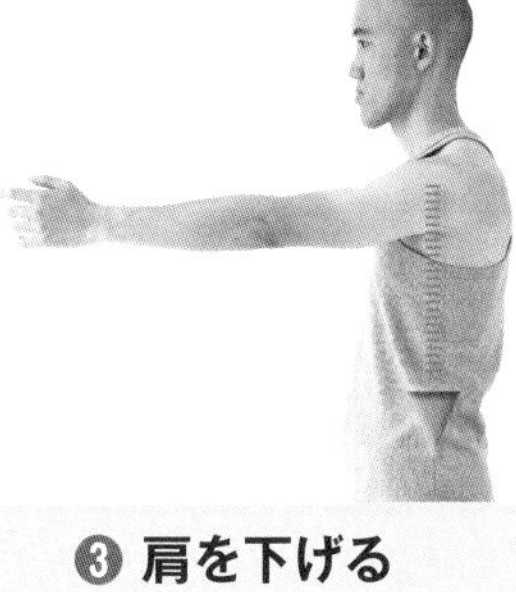

❸ 肩を下げる

## 翼状肩甲《よくじょうけんこう》との違い

翼状肩甲とは、前鋸筋の機能不全で起こる身体障害です。翼状肩甲も肩甲骨が浮くので、外見的に混同されやすいですが、実際は別物です。
翼状肩甲は長胸神経麻痺（ちょうきょうしんけいまひ）により起こり、前鋸筋が機能しなくなり、肩甲骨を肋骨に固定することができなくなることで肩甲骨が浮いてきます。前鋸筋が機能することでできる ①肩甲骨の上方回旋、②肩甲骨を前方に滑らせる、③肩を下げる、などの動きもできないのがその特徴です。

# 前鋸筋が機能すれば、カラダが変わる

　肩甲骨を開くということは、肩甲骨が外転することで、その精度が高まると、肋骨《ろっこつ》から肩甲骨がはがれて、羽のように立つ状態になります。そして、肋骨と肩甲骨の間にある前鋸筋を機能させることができなければ、肩甲骨を開いて立たせることはできません。肩甲骨を開いて立たせるためには、前鋸筋をちゃんと働かせながら開く必要があるのです。つまり、肩甲骨を開くということは、**前鋸筋を機能させるためのトレーニング**のひとつなのです。

　ここでちょっと、わきの下に手を入れて軽く挟んでみてください。そうすると、肩甲骨が外に開いてくることがわかります。この状態が、**わきに力が入った状態**、**わきが効いた状態**です。この状態はすなわち、肩甲骨から肋骨につながる前鋸筋が働いていることを意味します。前鋸筋が働くと、肩を下げ、わきを締めることができるため、肩に余計な力が入りにくくなります。前鋸筋は、横隔膜《おうかくまく》の補助的な役割があるため、呼吸も深くできるようになります。そして、体幹や下肢ともつながります。

　**前鋸筋をきちんと機能させることができれば、複数の筋肉が使えるようになり、動けるカラダに変わります**。次からは、そのしくみを詳しく説明していきます。

# 前鋸筋をきちんと機能させる

## 動けるカラダに変わるしくみ 1

# 前鋸筋が機能すると肩が安定する

肩関節は、人体の関節のなかでもっとも多方向に幅広く動く関節ですが、それゆえに不安定になりやすいという弱点があります。肩甲骨を覆う、肩のインナーマッスルの機能が低下した状態で固まってしまうと、インナーマッスルが本来の役割を果たさないので、それを補うかたちで、三角筋《さんかくきん》、僧帽筋《そうぼうきん》などのアウターマッスルをガチガチに固めて、不安定ながらもなんとか安定させようとします。この状態になると、肩をすくめ、上腕骨の位置をずらしてしまいます。そして、この上腕骨の位置のずれが、さらに肩関節を不安定にさせるのです。

そこで注目したいのが、肩甲骨を開くという動作です。肩甲骨を開くには、前鋸《ぜんきょ》筋《きん》が重要で、本書のトレーニングでは「わきを締める」という感覚を鍛えていきます。手首とひじを正しく動かすことがポイントで、これに関係してくるのが、手からひじの、浅指屈筋《せんしくっきん》と深指屈筋《しんしくっきん》と、上腕の、上腕三頭筋《じょうわんさんとうきん》です。わきが締まりやすくなると肩のアウターマッスルの働きすぎを防ぐことができます。肩を下げ、つながりのある肩のインナーマッスルの働きを高めることで、**上腕骨を肩甲骨にしっかりはめ込むことができ、肩関節が安定します。**

重いものを運ぶ、持ち上げるなどの作業が多いお仕事の方、育児中の方は、肩にトラブルをかかえがちですが、肩関節が安定すると、動きがラクになってトラブルも少なくなるはずです。スポーツにおいては、たとえば野球の投球動作やバレーボールのスパイク、テニスのサーブなど頭上で腕を振るような動きにおいて、パフォーマンスのアップにつながります。

## 機能させたい 上腕の筋肉

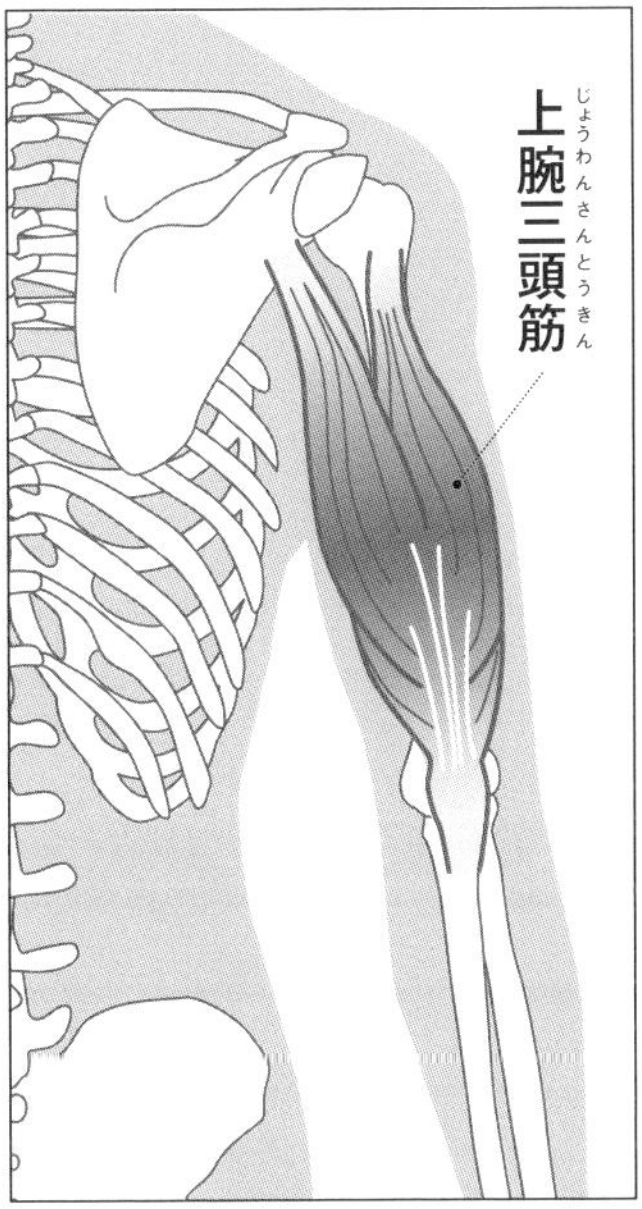


上腕三頭筋の、とくに内側がポイント。その名の通り三部位に分かれていて、そのうちの内側にある筋肉がわきに付着しているため、前鋸筋と連動しやすい。

## 機能させたい 手からひじの筋肉

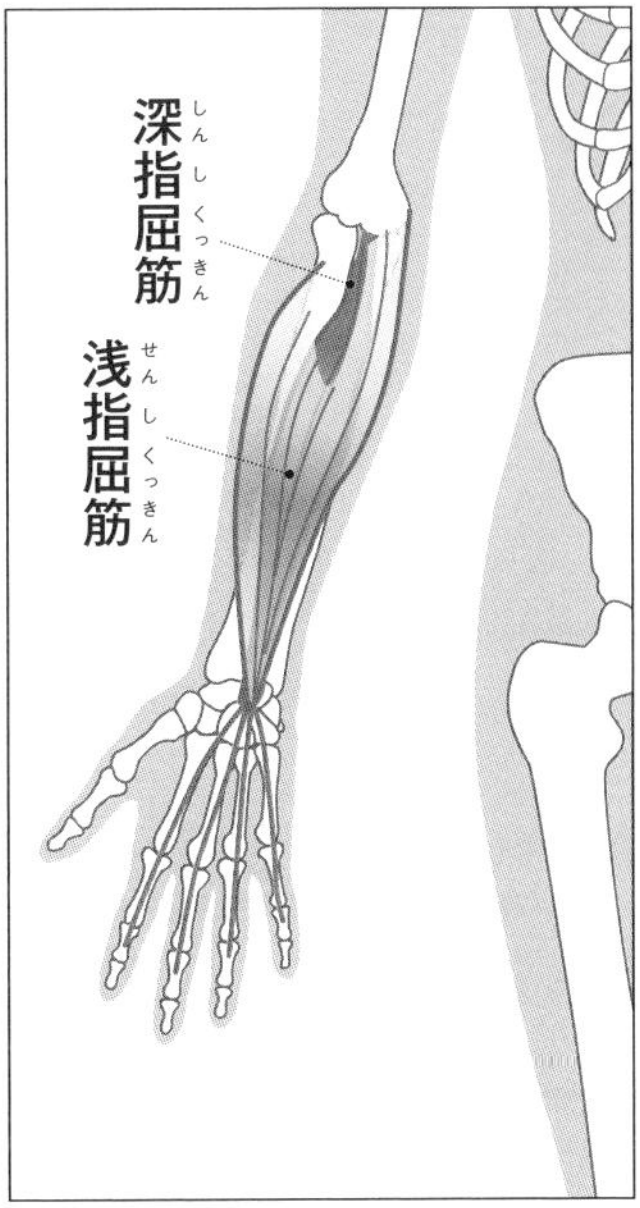


浅指屈筋と深指屈筋はインナーマッスルで、ここが優位になると、手からひじの力がほどよく抜ける。手首とひじを正しく動かすことで、わきが締まりやすくなる。

# わきの意識が高まると体幹も安定する

体幹（胴体）には、カラダを動かすアウターマッスルと、カラダを支えるインナーマッスルの両方が存在し、そのふたつが連動することで、姿勢を保持しながら、力を手足に伝える、という役割を果たしています。

体幹が強くなれば、立つ、歩く、座るなどの日常生活における基本的な動作がラクになるのはもちろん、ゴルフのスウィングや、野球でボールを投げる、ダンスなどの動作の軸がしっかりします。

ゆえに、多くの人が体幹トレーニングをしているわけですが、なかには、アウターマッスルに偏ったトレーニングをしている人も。カラダをガチガチに固めてしまうと、アウターマッスルとインナーマッスルのバランスが悪くなり、衝撃を吸収できません。トレーニングすればするほど、ブレる体幹になってしまいます。

これを解決するには、**衝撃を吸収できるカラダになり、インナーマッスルの働きを高め、アウターマッスルとのバランスをとることが必要です。**

カラダを機能的に動かすには、いくつものインナーマッスルをつなげて使えるようになる法則があります。**筋肉の構造の働きを調整し、相互に働きかけて、連鎖させる法則、「筋連鎖《きんれんさ》」**です。

わきの意識が高まり、前鋸筋《ぜんきょきん》が機能するようになると、前鋸筋から外腹斜筋《がいふくしゃきん》、反対側の内腹斜筋《ないふくしゃきん》へ、斜めに連鎖します。内腹斜筋の裏には、体幹のインナーマッスルである腹横筋《ふくおうきん》があるため、内腹斜筋が機能すると、内腹斜筋から腹横筋、そこからその他の体幹のインナーマッスルと連鎖します。さらには、背面からも連鎖が起き、広背筋《こうはいきん》から反対側の大殿筋《だいでんきん》へ、こちらも斜めに連鎖します。

つまり、わきの意識が高まると、表と裏、両面から体幹の筋肉が機能するため、体幹が安定し、カラダを機能的に動かすことができるようになるのです。

### 筋連鎖でインナーマッスルをつなげて使えるカラダに

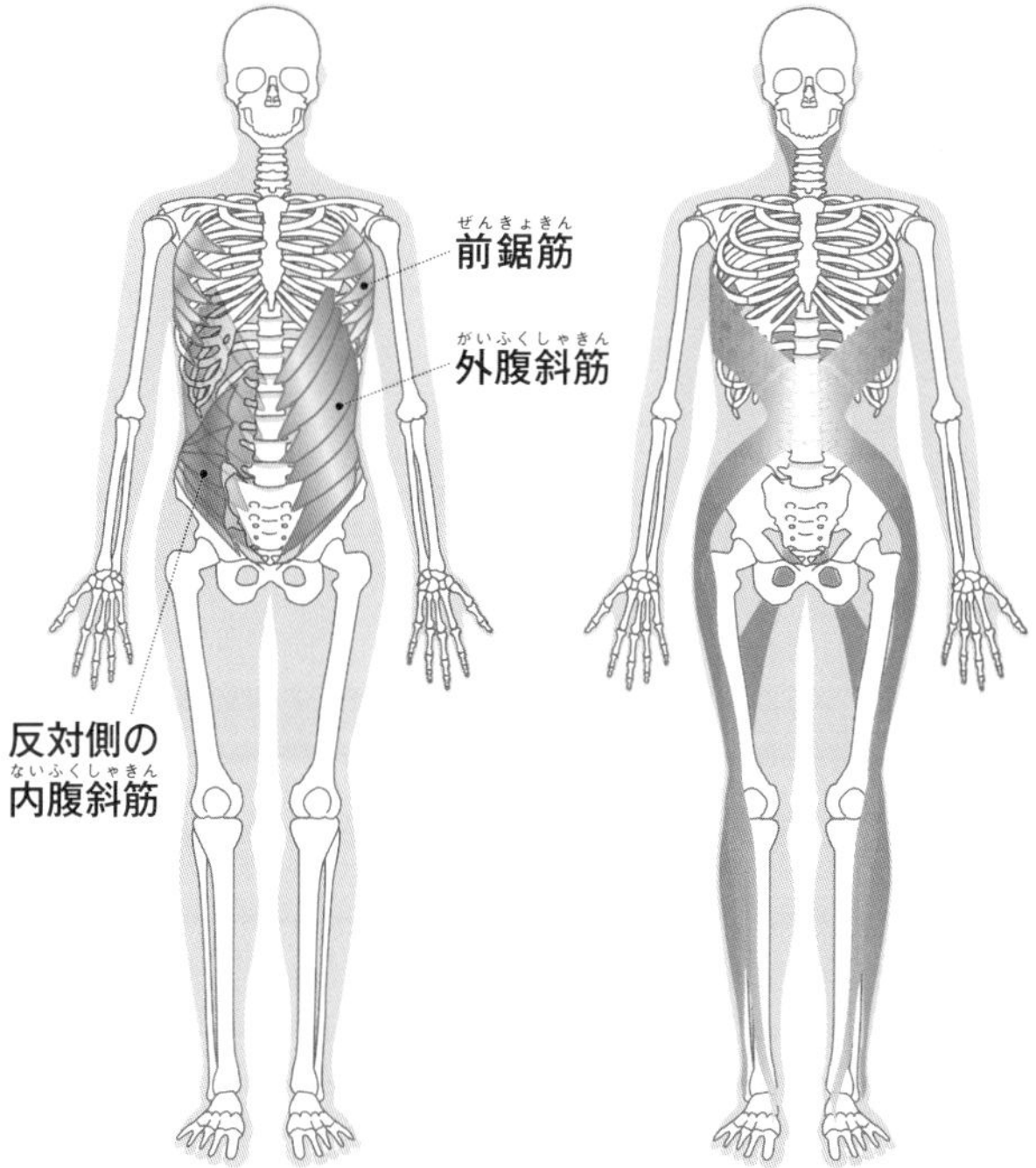


右側のイラストが、「スパイラルライン」と呼ばれる筋連鎖。このなかでも、前鋸筋→外腹斜筋→反対側の内腹斜筋、という筋連鎖がとくに重要になってくる。

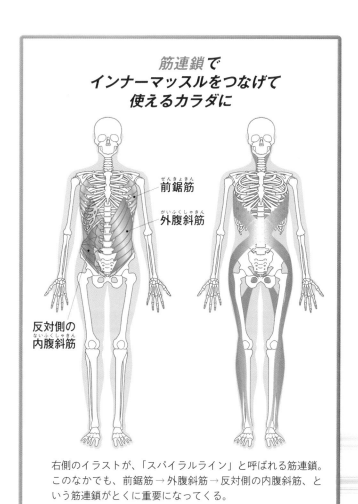

動けるカラダに変わるしくみ 3

# 前鋸筋が機能すると下半身も安定する

前鋸筋《ぜんきょきん》を機能させることができるようになると、上肢だけでなく、下肢にもよい影響が表れます。

股関節は、カラダのなかでもトップクラスに重要な関節です。そのため、股関節が固いだけで、スポーツパフォーマンスの低下、柔軟性の低下、疲れやすくなる、ケガのリスクが高くなる、ひざ・股関節・腰・肩を痛めやすくなる、など、さまざまな問題を引き起こします。これを改善するには、股関節を動かすある筋肉と、その筋肉と関係の深い筋肉をいかに機能させるかがポイントです。

前ページで説明したように、前鋸筋が機能するようになると、前鋸筋から外腹斜《がいふくしゃ》筋《きん》、反対側の内腹斜筋《ないふくしゃきん》へ、斜めに筋連鎖が生じます。内腹斜筋の裏には腹横筋《ふくおうきん》があるため、内腹斜筋が機能すると、内腹斜筋から腹横筋、そこからその他の体幹のインナーマッスルと連鎖します。

さらに、**体幹のインナーマッスルのなかには、股関節を動かす大腰筋《だいようきん》があり、前鋸筋が使えるようになれば、この大腰筋も使えるようになります。**

大腰筋は、骨の内側にある小転子《しょうてんし》に付着している筋肉で、腰椎を安定させ、股関節の機能を高める効果があります。そして、下肢では、内ももの筋肉である内転筋《ないてんきん》群《ぐん》と連鎖します。

本書のトレーニングを重ね、前鋸筋・腹斜筋・腹横筋・横隔膜《おうかくまく》・大腰筋までのインナーマッスルをつなげて使えるようになれば、**下肢を外と内の両側からバランスよく支えることでき、下肢の安定感が高まります。**すると、日常の動きがラクになるのはもちろん、スポーツにおいて、インナーマッスルを主体に、腕の動きを下半身に伝えたり、逆に足腰の動きで上肢のパフォーマンスにパワーを足すこともできるようになります。

### 機能させたい体幹の筋肉

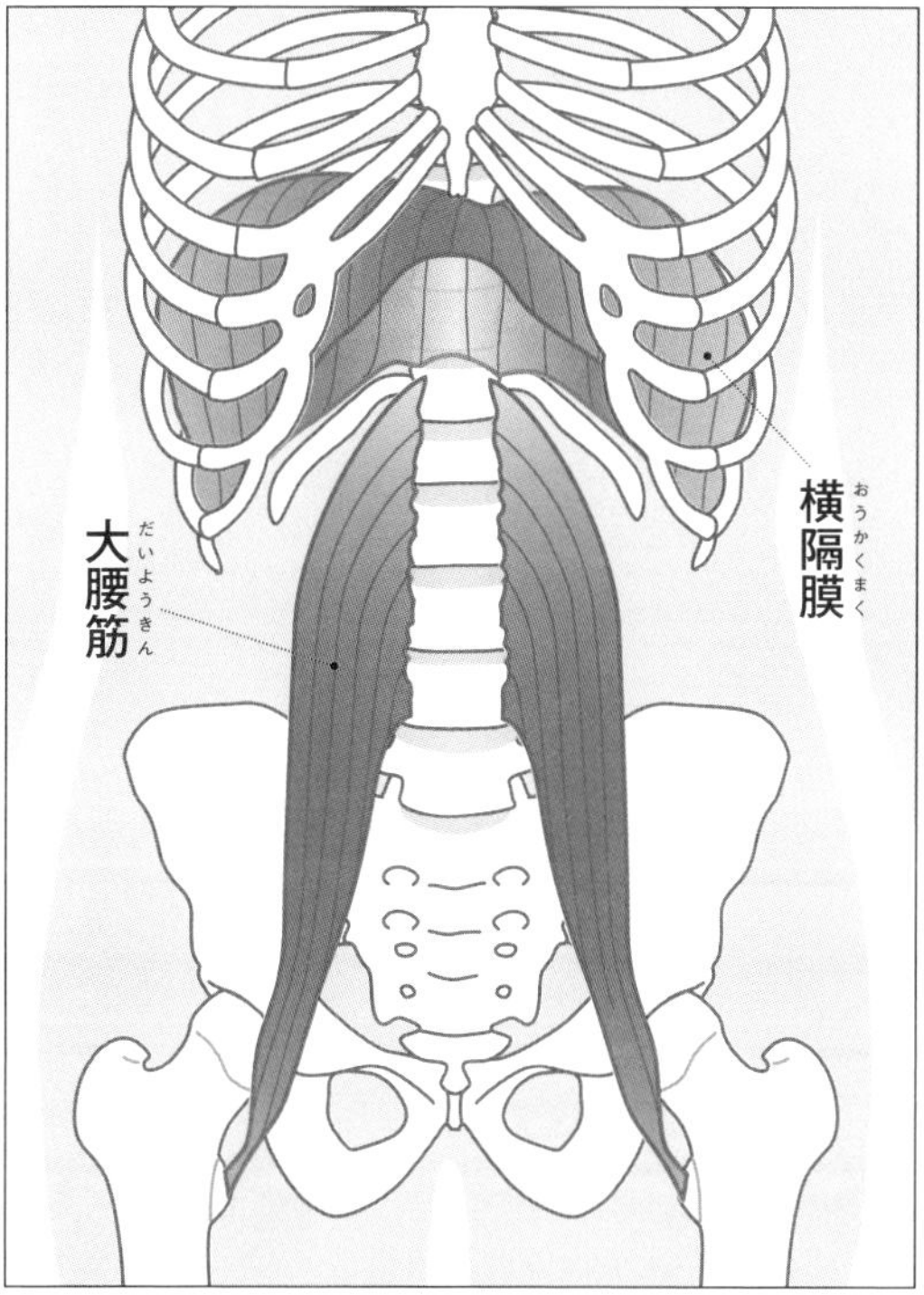


横隔膜も大腰筋も、体幹インナーマッスルのひとつ。横隔膜は呼吸のときに働く。大腰筋は、股関節を動かしたり腰椎を安定させる筋肉。

# 前鋸筋を機能させるための肩甲骨ワーク「立《りっ》甲《こう》」

前鋸筋がしっかり働くカラダに変わる、そのためのトレーニング方法としておすすめしたいのが、ここ数年注目を集めている肩甲骨ワーク「立甲」です。肩甲骨を開くことと、肩甲骨を立てることは、ともに前鋸筋を機能させることが目的のひとつであり、本書監修、高橋龍三氏が代表理事を務める体軸コンディショニングスクールでも、多くの方がこの肩甲骨ワークを練習し、前鋸筋が機能するカラダを手に入れています。

## 肩甲骨ワーク
## 経験者インタビュー
### 関口さんの場合

**Q1 立甲歴はどれくらいですか？**

2年6か月くらいです。

**Q2 立甲をはじめたきっかけは？**

小学生からずっと野球でピッチャーをやっていました。22歳のころ、試合中に肩が痛くなり、投げるたびに痛みが出るようになりました。肩甲骨や背骨など胸郭が固くなっていて、腕や体幹とのつながりがうまくできていなかった。自

## 「投球時の痛みが出なくなり フォームが安定して コントロールもよくなりました」

**関口 敬太さん/36歳**
鍼灸師(けい鍼灸治療院院長)

分が鍼灸師なので肩の治療はしましたが、ラクになるけどまた痛くなる、の繰り返しでした。

　体軸コンディショニングスクールで体軸理論を学んでいるときに立甲を知り、この運動により、肩甲骨と腕、体幹がつながる感覚がわかり、カラダの中心から動かせるようになってきました。**立甲をやり込んでいたら肩まわりの柔軟性も出てきて、最近ではキャッチボールなどをしても痛みが出なくなりました。気づくと肩こりや腰痛も軽くなりました。**

**Q3　練習してどれくらいでできましたか?**

　1か月くらい。仕事前と仕事終わりに、毎日5分ほど練習していました。立甲した状態で前後左右に動かす。立甲のまま四つん這いで歩く。背中を丸めたり反ったり動かすなどです。今でも毎日やり続けています。

**Q4　立甲ができて、なにかが変わった?**

❶ボールを投げたとき、投球時の痛みが出なくなりました。**肩甲骨と腕が一体につながった感じがします。**投球フォームが安定し、体幹がしっかりしてコントロールもよくなりました。

❷苦手だった**上半身のトレーニングがやりやすくなりました。**腕立て伏せでは、腕だけでなく全身をつなげてできるようになりました。ベンチプレスなどのウエイトトレーニングをするときも体幹が安定して、重い重量を上げるときもラクになりました。

❸肩こりや腰痛が軽くなりました。肩こりは、肩甲骨が動きやすくなるので肩まわりや背中の筋肉がゆるんできてこりにくくなってきました。腰痛は、肩甲骨から背骨まわりの動きがよくなって腰の筋肉もほぐれて、体幹も安定するので、痛みも軽くなってきます。少し張ってきたな、痛くなってきたな、と感じたら、**立甲をやるとほぐれやすくなりました。**

**Q5　今の目標&メッセージをお願いします**

　立甲をやることで、カラダのパフォーマンスが上がるだけでなく、慢性的な痛みなどの悩みの改善にもつながります。もう一度、やりたいことのできる健康なカラダを目指しましょう!

## 肩甲骨ワーク 経験者インタビュー

**不室さんの場合**

# 「やりたいことを楽しめるカラダを維持していくために、今も毎朝、四つん這いになって練習をしています」

**Q1 立甲歴はどれくらいですか？**

2年4か月ほどになります。

**Q2 立甲をはじめたきっかけは？**

中学でラグビー部に入部。それから社会人8年目までの18年間続けました。大学1年生のとき、試合中に右ひざの靭帯を断裂してしまい、手術をはじめて経験。その後、カラダの状態が整わないままでの復帰を繰り返してしまい、右ひざの手術を計6回も経験することになってしまいました。

現役でラグビーに取り組んでいるうちは、カラダもそこそこ動かすことができていましたが、引退してから10年ほど経つと、慢性的な腰痛、肩の痛み、ひざの痛みが出現。

**いつまでもラクに動けるカラダでいたい、子どもとスポーツやレジャーをまだまだ楽しみたい**との思いから、慢性的な痛みをセルフケアする方法をいろいろ試し、今ではそのときの状態に合わせて自分に必要なものを選択してカラダを自分で整えることが可能となりました。

何種類かあるセルフケア法のなかで、私の主軸となっているのが肩甲骨を機能的に動かせるようにする立甲ワークです。

**Q3 練習してどれくらいでできましたか？**

4か月ぐらい経っていたと思います。

日々の生活のなかでは、まず朝の起き抜けに

**不室 真大さん／49歳**

● 整体師（体軸整体 真Shin.）

四つん這いになって練習しています。時間にすると1～2分。最初は四つん這いで力を抜く練習からはじめて、脱力が可能となってきたあたりから、前後や左右に重心を動かして立甲が崩れないかチェックしています。あとは、月に1度、体軸コンディショニングスクール内でのレッスンで、動きのなかでの立甲を練習していました。

**Q4 立甲ができて、なにかが変わった？**

❶息子とラグビーのパス練習をしているときに、**パス動作がやりやすくなった**と感じました。日々の立甲ワークで脱力を意識しながら肩甲骨を動かすことが身につくことで、**体幹に無駄な力が入らず、肩甲骨から動かす意識**ができるようになり、パス動作が以前よりやりやすくなったのだと思います。

❷高いところへ荷物を載せたり、降ろしたりする動作がラクになりました。電車のなかで、網棚にカバンやリュックを載せるとき、肩甲骨を意識して立甲しながら行うことで、しっかり力が入り重い荷物もラクに上方へ上げられるようになりました。**立甲することで体幹や下肢も安定し、動作中にふらつくこともありません。**

**Q5 今の目標&メッセージをお願いします**

立甲にチャレンジすることで、**変化していくカラダの状態に、今までにない気づきが生まれると思います。**その気づきをもとに、運動をされている方は、よりパフォーマンスを高めることが可能となり、これから運動をはじめようと考えている方も、自身のカラダを整える準備運動にもなります。

人生100年時代といわれるようになった今、日本人の寿命は延び続けています。そのなかで、自分がいかに健康であり続けるかが大きな課題になっているように思います。私自身ができることとして実践していることは、いつまでもラクに動けるカラダを準備し、やりたいことを楽しめるカラダを維持していくことです。そのためにも立甲ワークは素晴らしく、欠かせないものだと思います。

# 肩甲骨ワーク 経験者インタビュー

## 山本さんの場合

### 「軽い力で強い力を出せるようになったため疲労を感じにくくなりました」

山本 耕三さん／32歳
●こうぞう整体院・接骨院院長

**Q1 立甲歴はどれくらいですか？**

2016年12月5日からやっています。

**Q2 立甲をはじめたきっかけは？**

体軸コンディショニングスクールの「身体で感じる体幹アナトミー」というセミナーで立甲を知りました。そこでチャレンジしてみて、まったくできなかったことがきっかけです。

**Q3 練習してどれくらいでできましたか？**

毎日練習していたら、3か月くらいでコントロールしてできるようになりました。ただ立甲をやるだけでなく、**クロスポイントワークと並行してやると、インナーマッスルが優位になりやすくなる**と思います。

**Q4 立甲ができて、なにかが変わった？**

❶セミナーを受ける前から、首の右回旋時に、首と肩の付け根に痛みがありましたが、立甲ができるようになりはじめたくらいから痛みがなくなり、可動域が広くなりました。

❷サッカーの試合でジャンプしながらヘディングの競り合いをしたとき、そのまま右手をついて右肩が脱臼しそうになったのですが、転倒する瞬間、地面についた手を踏ん張らず、**立甲で肩甲骨まわりをゆるめたことで、手首の捻挫だけで済みました。**

❸整体の仕事で、立甲をしながら施術するようになって、軽い力で強い力を出せるようになったため、疲労を感じにくくなりました。

**Q5 今の目標&メッセージをお願いします**

練習すれば、だれでもできるようになります。はじめてやったその日にできるようになる方もいます。**映画『燃えよドラゴン』のブルース・リーのようになれます(笑)。**立甲にチャレンジすることで、首、肩の痛みや肩こりなどが改善するきっかけになるといいと思います。

## 肩甲骨ワーク 経験者インタビュー
### 渡邉さんの場合

「女性でもコツコツ練習すれば必ずできるようになりますよ」

**渡邉 真里恵さん／33歳**
整体師・スポーツトレーナー

**Q1 立甲歴はどれくらいですか？**
2年ほどです。

**Q2 立甲をはじめたきっかけは？**
カラダの使い方が変わることでトレーニングやストレッチの質が上がると思っていたので、まずは自分を変えて運動指導に活かしたいと思いはじめました。スポーツはテニスをしていました。

**Q3 練習してどれくらいでできましたか？**
わりとすぐにできたのですが、立甲の質を上げるため、実際に生活や運動のなかでも使えるようにするために、自宅で毎日練習しました。クラスに通ってくださる方は主婦の方が多いのですが、みなさん必ずできるようになっています。**「立甲女子」を増やしたいです（笑）。**

**Q4 立甲ができて、なにかが変わった？**
❶トレーニング、ストレッチの質が上がりました。**同じ回数でも、立甲した状態で行うことで効果が変わります。**
❷トレーニング指導の質も上がりました。「肩こりがラクになった」「カラダが軽くなった」「重いものをラクに持てるようになった」「ウエストが引き締まった」など、たくさんの声をいただいています。
❸テニスをしていて疲れにくくなりました。わきが使えると体幹が安定しやすくなるのでブレが少なくなったからだと思います。

**Q5 今の目標&メッセージをお願いします**
カラダの使い方をよくしたい！　姿勢をよくしたい！　と思う方には必要なカラダの使い方のひとつだと思います。できるようになるペースは人それぞれですので、あせらずコツコツ続けていきましょう。必ずできるようになります。

## 肩甲骨ワーク 経験者インタビュー

### 西村さんの場合

# 「ウォーミングアップのときに立甲を取り入れています。間違いなくプレーにもいい影響があるものだと感じています」

**Q1　立甲歴はどれくらいですか？**

1年です。

**Q2　立甲をはじめたきっかけは？**

大学のサッカー部に所属しています。昨年夏、チームのコーチから「お前はいつもカラダに力が入っている。とくに肩に力が入っていて、そんなままプレーしていたら見えるものも見えないし、プレーもうまくいかない」と、言われました。

確かに小学生からこれまでやってきた**サッカー人生で、「力を抜け」と言われ続けてきました。**そこから毎日の練習で力を抜くことを意識しましたが、なかなか状況は改善されず……。

そんななか、**立甲は肩の力が抜けないとできない**ということを聞きました。そのため、まず立甲を知り、できるようになれば、肩だけでなく全身の力が脱けてくるのではと考え、立甲に取り組むようになりました。YouTubeなどで実践するなかで、柴先生のパーソナルトレーニングを見つけ、本格的に立甲をはじめました。

**Q3　練習してどれくらいでできましたか？**

柴先生のパーソナルトレーニングで2週間に1回、45分のトレーニングと、自宅で入浴後や、サッカーの練習の合間に少しずつ、柴先生に教えていただいたワークを行っていました。

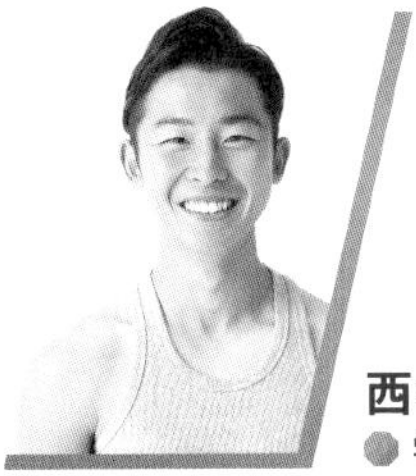

**西村 晋志朗さん/20歳**

● 学生

1か月ほどで、肩甲骨が立つ感じや、わきの感覚がつかめてきて、2、3か月で右の肩甲骨だけ浮き出てきました。そこからが長く、右肩甲骨の感覚がよくなる一方で、左の肩甲骨がなかなか出てきませんでした。が、8か月経った7月2日の練習の直後に、**「今、肩甲骨、出そうだな」っていう感覚**があって、立甲を試してみたら出るようになっていました。

### Q4 立甲ができて、なにかが変わった?

❶日常生活では、肩こりが減りました。いつもサッカー中に肩に力が入っていたこともあり、かなり肩がこることが多かったのですが、今はほとんど感じません。また、**肩がこっているなというときは、立甲をすると改善されることもあります。**

❷正直、まだ立甲ができるようになってから日にちが経っていないため、「カラダの使い方がこう変わった」と意識するまでには至っていません。しかし、立甲をウォーミングアップのときに取り入れて、ルーティーンのようにしています。立甲は四つん這いになるだけで、手軽にできます。**立甲をルーティーンにしたことで、短時間で集中できるようになりました。**

この立甲だけが要因かはわかりませんが、立甲ができるようになった今年の夏ごろからパフォーマンスが上がり、自分でもそれを実感していますし、**チームメイトからも、「急にうまくなったね」と言われるようになった**ので、間違いなくプレーにいい影響があるものだと感じています。

### Q5 今の目標&メッセージをお願いします

立甲は感覚の部分が強く、それがつかめるまでなかなかうまくいきません。ですがその感覚さえつかめれば、すぐにできるようになりますし、できるようになるまでは時間が解決してくれます。できるようになりさえすれば、普段の生活や競技でのプレー面で、間違いなくうまくいくようになると思います。なので、これからはじめる方は、あせらず、少しずつ立甲できるようになってください!

◀◀◀ P34で西村さんの写真日記を公開

# 西村さんの「立甲ができるまで」写真日記

初日はこんな感じでした

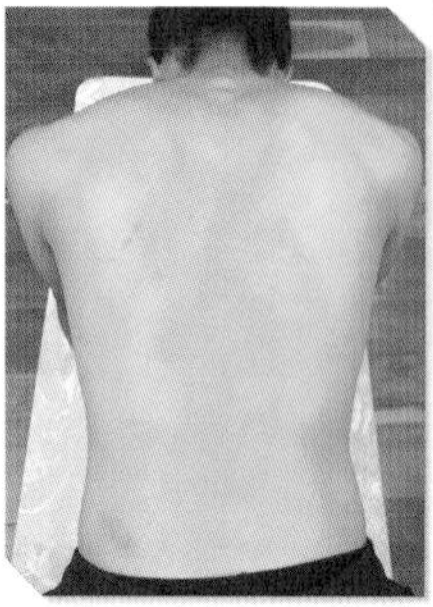

2018.10.27

わきの感覚がつかめてきました

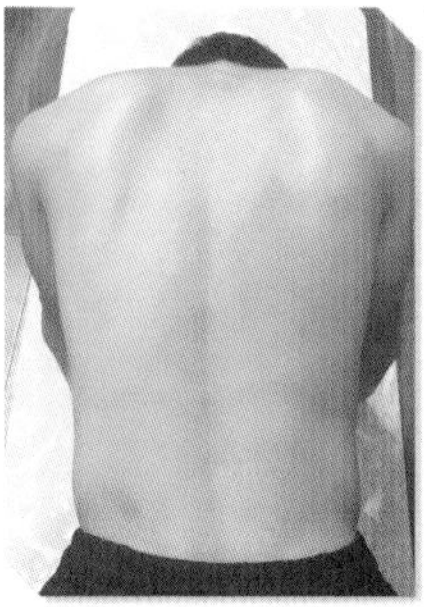

2018.12.18

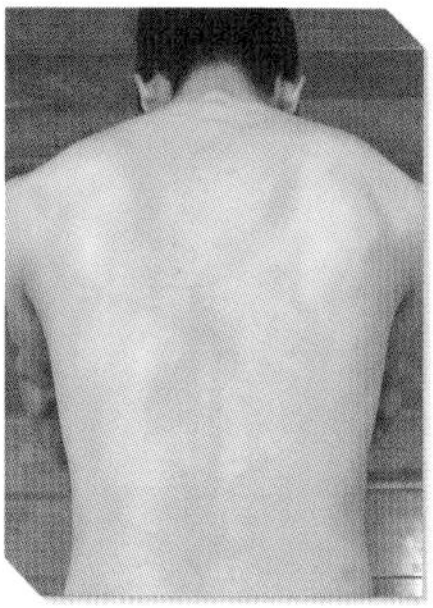

2019.1.20

右の肩甲骨だけ浮いてきた！

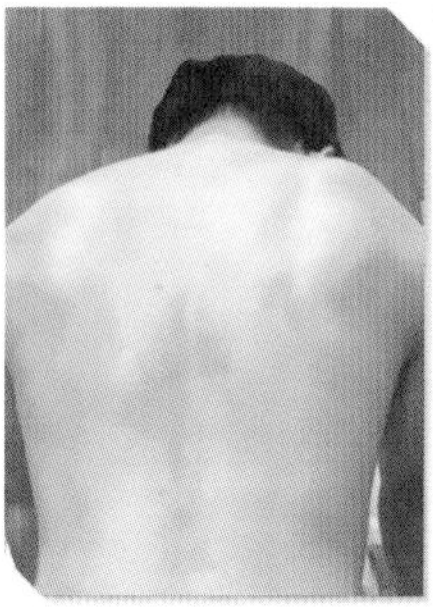

2019.2.11

右の感覚はよくなる一方、でも左の肩甲骨はまだ出てこない……

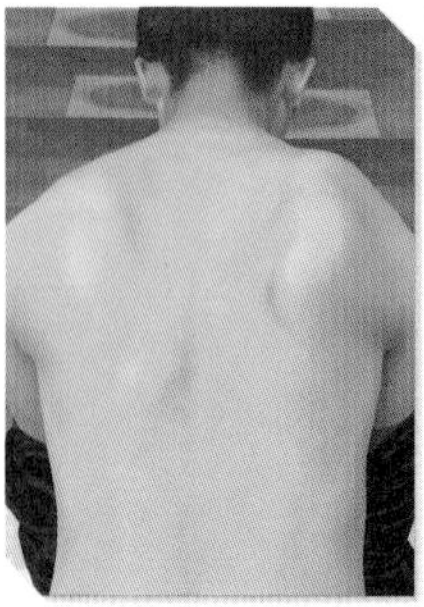

2019.3.27

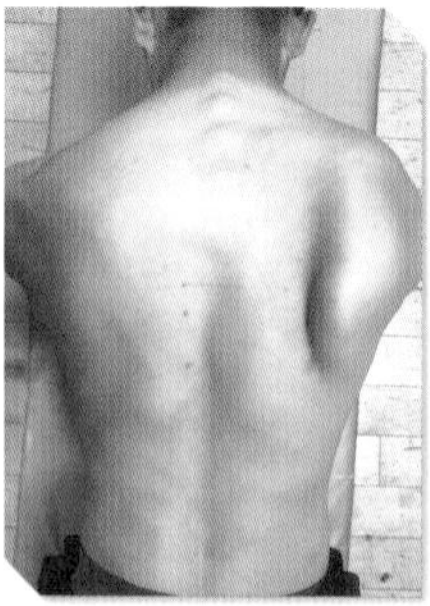

2019.4.23

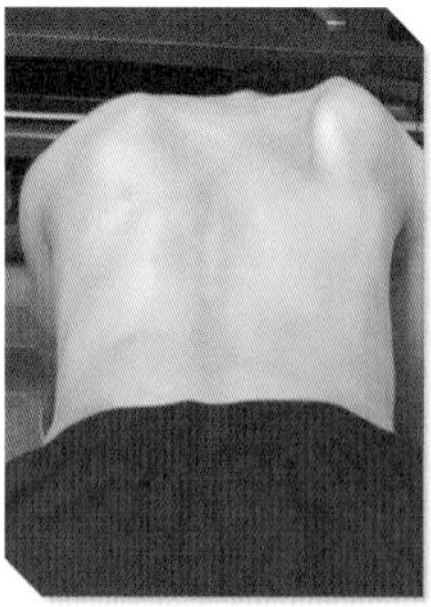

2019.6.24

ついに左も！ 立甲ができるようになりました

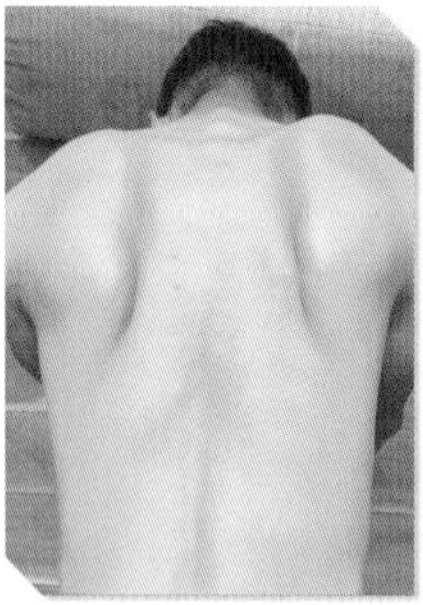

2019.7.2

# Chapter 2

# 実践！
# 「肩甲骨を開く」
# 練習プログラム

# 複数の筋肉が交わるポイントへの刺激がインナーマッスルを目覚めさせる

ここからは、わきの前鋸筋《ぜんきょきん》を優位に働かせるための具体的なトレーニングに移っていきます。まずはじめに、クロスポイントに対応する筋肉を刺激してつなげていく練習をしていきます。クロスポイントとは、**複数（2つから4つ）の筋肉が交わる交差点にあたるポイント**をいいます。クロスポイントという言葉をはじめて聞いたという方も多いと思いますので、ここで説明しておきましょう。

クロスポイントは、私が現在も学び続けている、体軸理論のなかにあります。施術家の高橋龍三氏（株式会社メタキネシス代表／一般社団法人体軸コンディショニング協会代表理事）が考案した、カラダの使い方を上手くするポイントのことで、このポイントを刺激することで、筋肉を活性化することができます。

クロスポイントは全身に14カ所あり、

**①インナーマッスルを目覚めさせて、アウターマッスルをゆるめる**

**②複数の筋肉へ同時にアプローチ可能**

といった特徴があります。

クロスポイントにある筋肉を、私たちは体軸筋と呼んでいるのですが、体軸筋はすべてイ

# 全身に分布する14カ所のクロスポイント

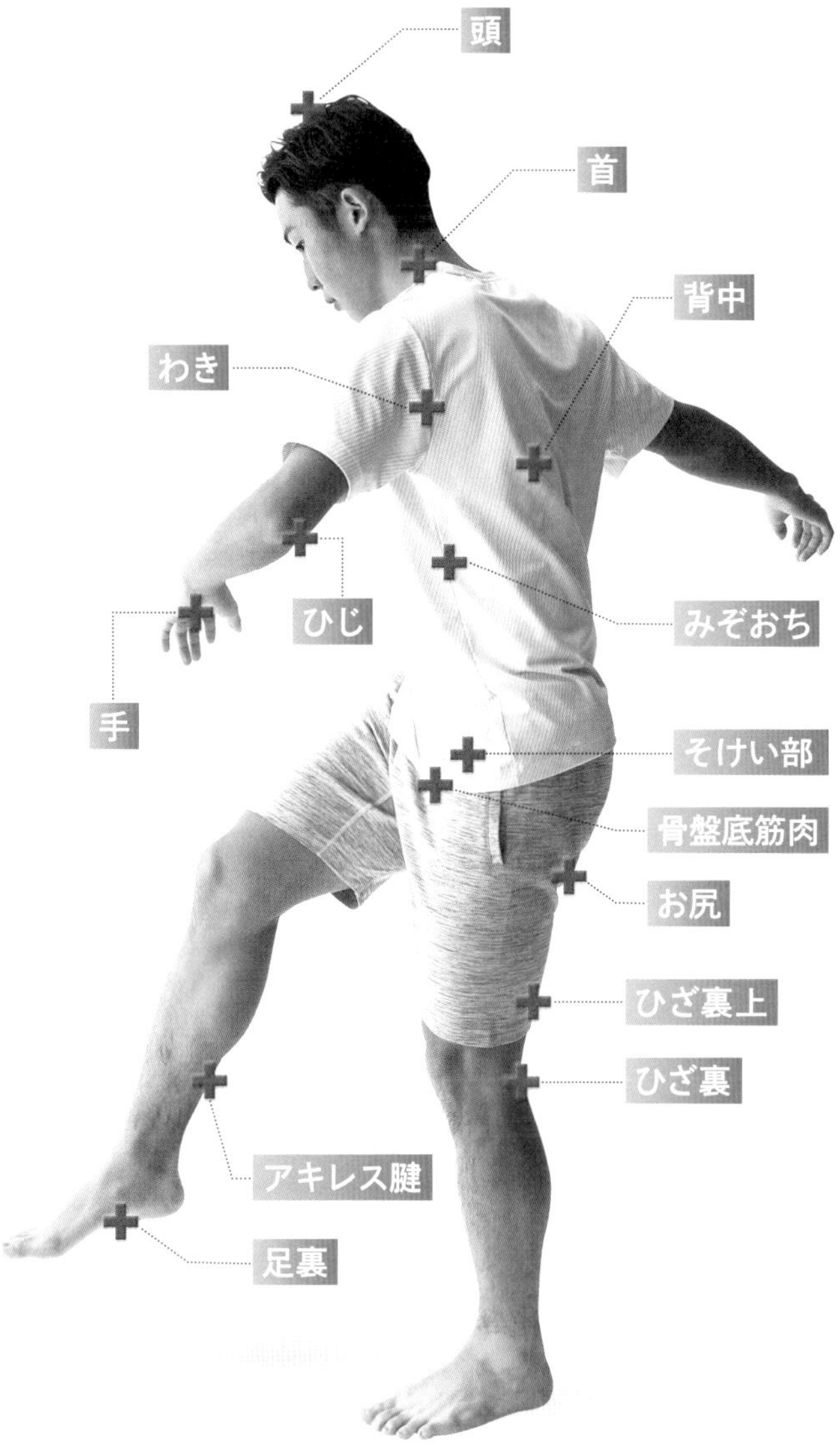


ンナーマッスルです。インナーマッスルには、関節を安定させる、関節をスムーズに動かす、素早い動きが可能、持久力がある、などの特徴があり、これらは、カラダの使い方を上手くするうえで必要不可欠な要素です。しかし、関節の動きが悪かったり、痛みがある場合、筋肉は固まった状態になっています。固まった状態の筋肉がある場合、その周囲には必ず弛緩して働いていない筋肉も存在します。

この状態を、素早くニュートラルに切り替えて、**インナーマッスルを目覚めさせ、アウターマッスルをゆるめる状態にすることができるのが、クロスポイントです。**

## 「肩甲骨を開く」練習のカギを握るクロスポイント

本章のプログラムは、このクロスポイント理論をベースに構築しています。肩甲骨を開くためには、いかにアウターマッスルの力を抜き、インナーマッスルを機能させるかがカギになります。これを同時に行うことができるのがクロスポイントで、クロスポイントを刺激することで、複数の筋肉にアプローチすることが可能になります。

全身に14カ所あるクロスポイントのうち、肩甲骨を開く練習に関係するのは、12カ所です。そのなかでとくに重要なのは、わきのクロスポイントで、ここを刺激することで、前鋸筋に直接アプローチをかけることができます。しかし、わきだけで肩甲骨を開けるようになることはほとんどなく、関連する部位も一緒に刺激することが、上達の近道になります。わき以外に、上肢のクロスポイントと体幹のクロスポイント、下肢のクロスポイントも刺激し、クロスポイントに対応する筋肉を刺激してつなげていきましょう。

## 3段階のプログラムでコツコツと練習を積む

肩甲骨を開くには、ある程度練習をする必要があります。本書では、確実にステップアップしていけるよう、3段階に分けてプログラムを紹介しています。最初はどんな方も、プロ

# 「肩甲骨を開く」ための3つのプログラム

## プログラム 1

▶▶▶ P40-55

8つのワークを行って、手・上肢とわきをつなげていく、スタートプログラム

## プログラム 2

▶▶▶ P56-73

7つのワークを行って、体幹とわきをつなげていく、セカンドステッププログラム

## プログラム 3

▶▶▶ P74-87

7つのワークを行って、下肢とわきをつなげていく、フィニッシュプログラム

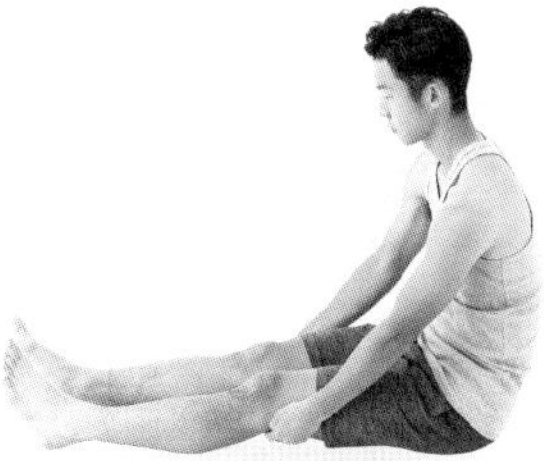

グラム❶からスタートしてください。カラダが練習に慣れてきたらプログラム❶とプログラム❷を行い、さらに慣れてわきを締める感覚がわかってきたら、プログラム❶から❸までを連続して行っていきます。

また、各プログラムとも、最後は四つん這いの「立甲」ポーズを行って、練習の成果を確認していきます。

どれくらい練習をすると、肩甲骨が開くようになるかというと、人によって異なりますので、一概にはいえません。1か月であっさりできてしまう人もいれば、半年練習して、少し肩甲骨が開いてきたかなというくらいの人もいます。あせる必要はまったくありません。本書の26ページから、肩甲骨ワーク「立甲」を練習してできるようになった5人の方の経験談を紹介していますので、そちらも参考にしながら、自分のペースで、自分のカラダが変わっていくことを楽しみながら、練習を積んでください。

クイックガイド
Quick guide

# 手・上肢とわきをつなげていく練習プログラム❶

練習は、「刺激する」→「つなげる」→「確認する」という手順で行っていきます。

プログラム❶の手順1「刺激する」では、手・上肢にある4カ所のクロスポイントを刺激。

続く手順2で、手首の調整等を行い、手・上肢とわきをつなぎやすくしていきます。

手順3は、四つん這いの姿勢になります。わきを締めたときに腕の力が抜けているか、練習後の変化を確認してみてください。

刺激する

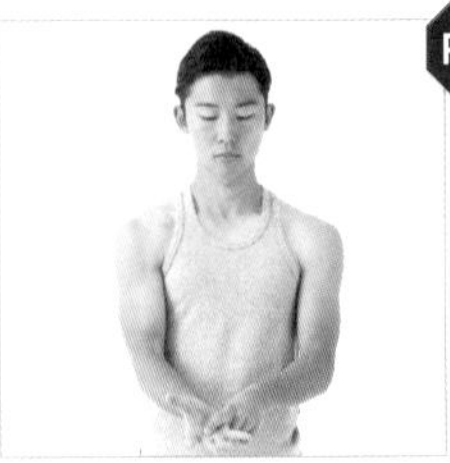

P42

**1 手のクロスポイントを刺激する**

手のひらにあるポイントを刺激して、手と前腕の筋バランスを整える

つなげる

確認する

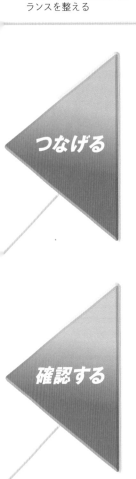

P43

### 2 ひじのクロスポイントを刺激する

ひじからわきにつながる筋肉の機能を高めて、ひじを安定させる

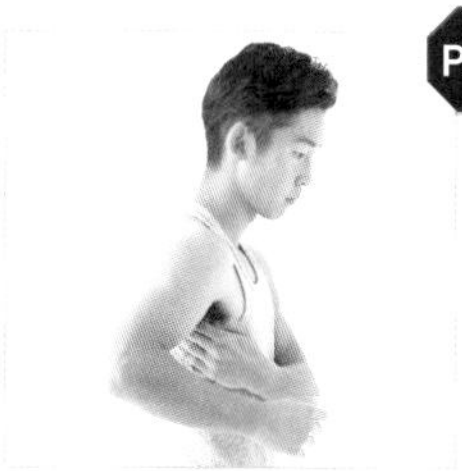
P44

### 3 わきのクロスポイントを刺激する

腕と肩甲骨と体幹をつなぎ、腕の操作性を上げていく

P45

### 4 首のクロスポイントを刺激する

僧帽筋などをゆるめて、首のインナーマッスルの機能を高める

P46

### 5 手のひらと前腕の表側を伸ばす

立甲の際に手首やひじに力が入らないようにしておく

P48

### 6 手の甲と前腕の裏側を伸ばす

肩をすくめてわきの締まりを悪くする筋肉をゆるめておく

P50

### 7 手、ひじ、わきをさする

指先からわきの下までさすって、手とひじとわきをつなげる

P52

### 8 四つん這いで、わきを締めて腕の力を抜く

正しくカラダが使えているか、腕の力が抜けているか、確認する

# 手のクロスポイントを刺激する

手のひらにあるクロスポイントを刺激して、手と前腕の筋バランスを整えます。

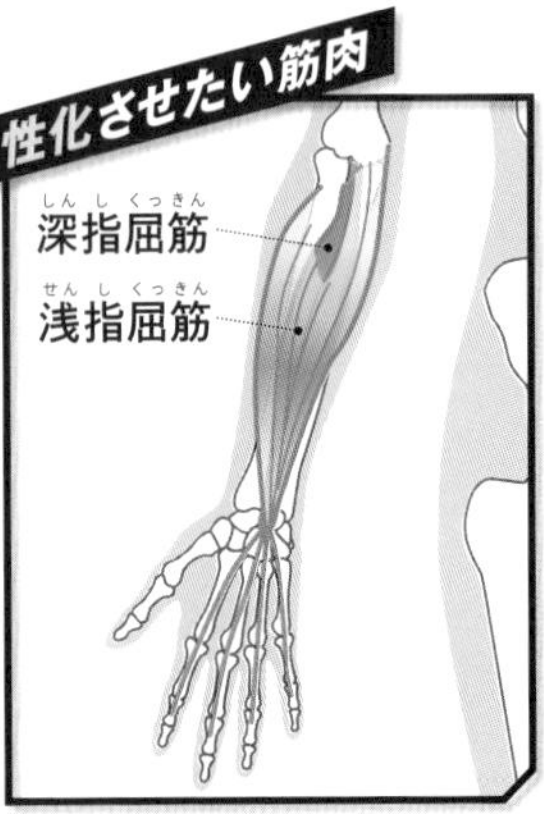

**クロスポイントを触りながらグーパーを行う**

左手の人差し指を、右手のクロスポイントの位置に当てる。中指の付け根の、骨が出っ張っているところを触りながら、右手でグーパーを10回行う。

動画でチェック

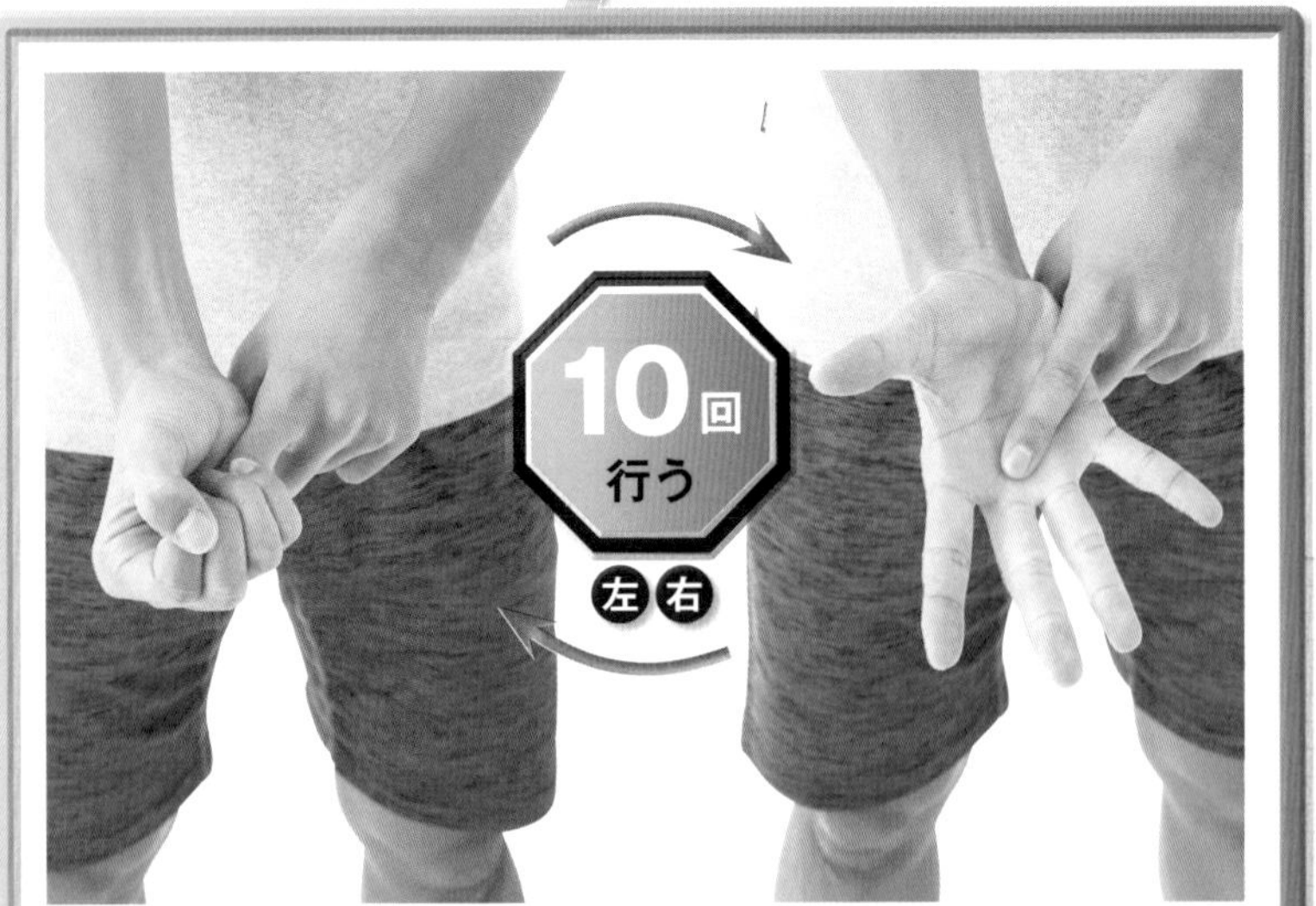

プログラム❶ 刺激する
2

# ひじのクロスポイントを刺激する

ここには、ひじからわきにつながる上腕三頭筋があります。ひじを安定させ、肩甲骨の可動域を広げます。

動画でチェック

活性化させたい筋肉

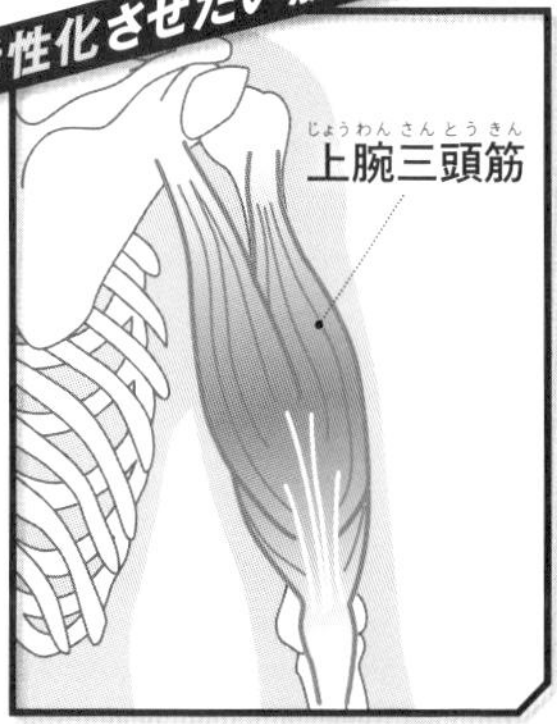


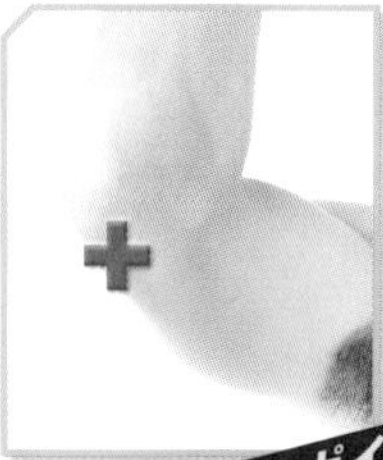

クロスポイントはココ！

## クロスポイントを触りながらひじの曲げ伸ばしを行う

左手の人差し指を、右ひじのクロスポイントの位置に当てる。ひじの骨の出っ張りの下にある、くぼみあたりを触りながら、右ひじの曲げ伸ばしを10回行う。

プログラム❶
刺激する
3

# わきのクロスポイントを刺激する

わきのクロスポイントに刺激を入れることで、腕と肩甲骨と体幹をつなぎ、腕の操作性を高めます。

動画でチェック

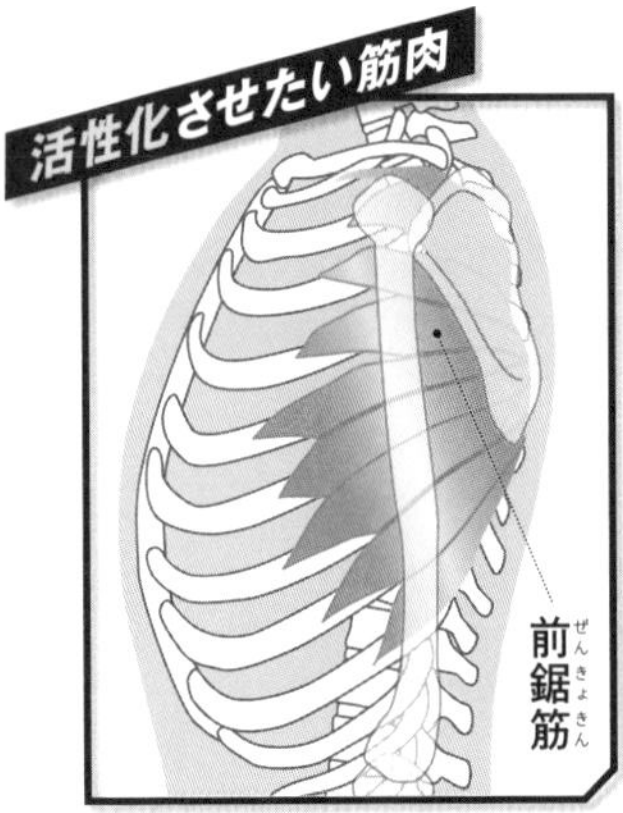

## クロスポイントを触りながら腕を前後に回す

左手の中指を、右わきのクロスポイントの位置に当てる。背中側の腕の付け根あたりを触りながら、右腕を前に5回、続けて後ろに5回、回す。

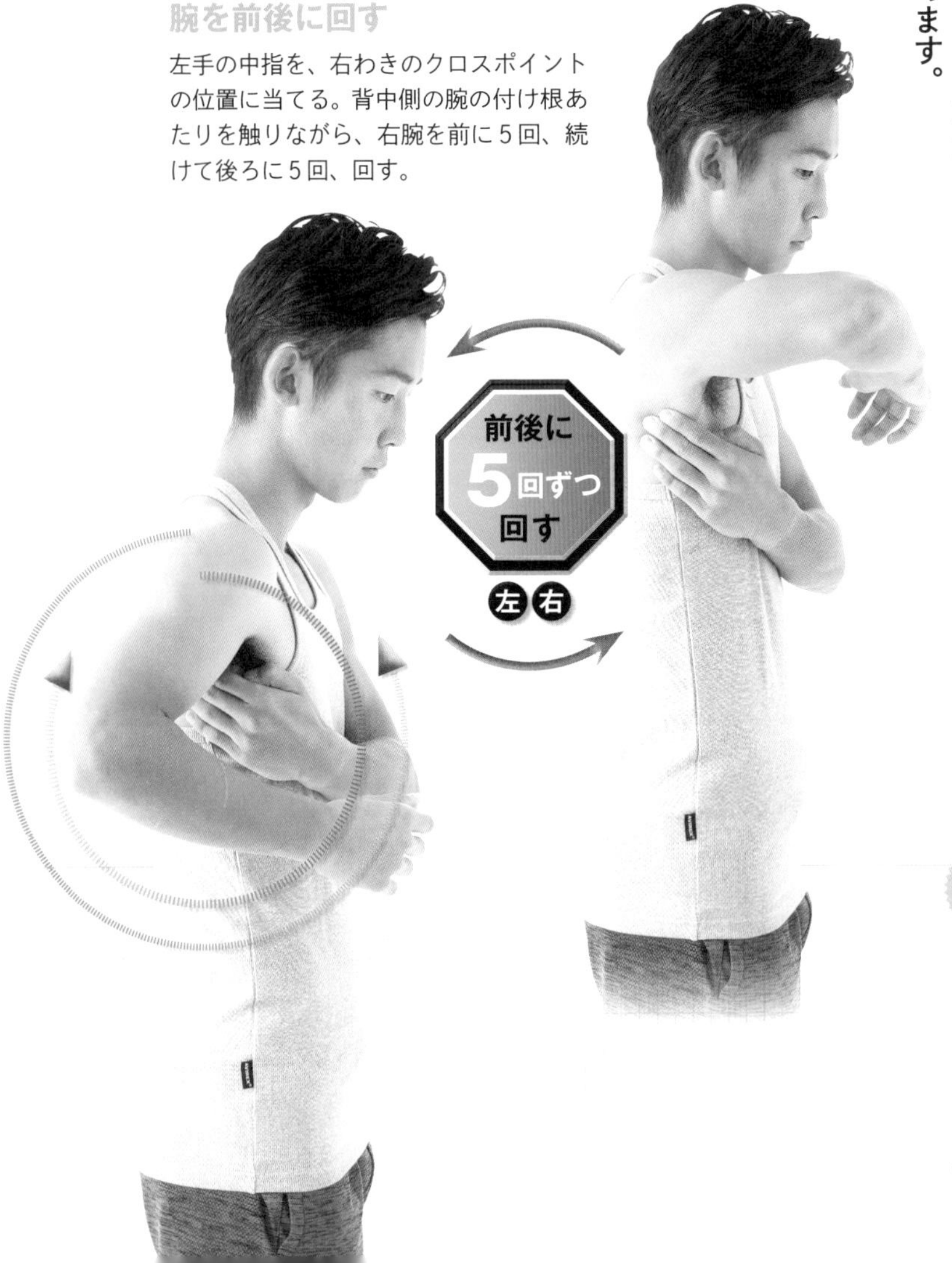

プログラム① 刺激する 4

# 首のクロスポイントを刺激する

僧帽筋などの筋肉をゆるめて、首のインナーマッスルである頭長筋・頸長筋の機能を高めます。

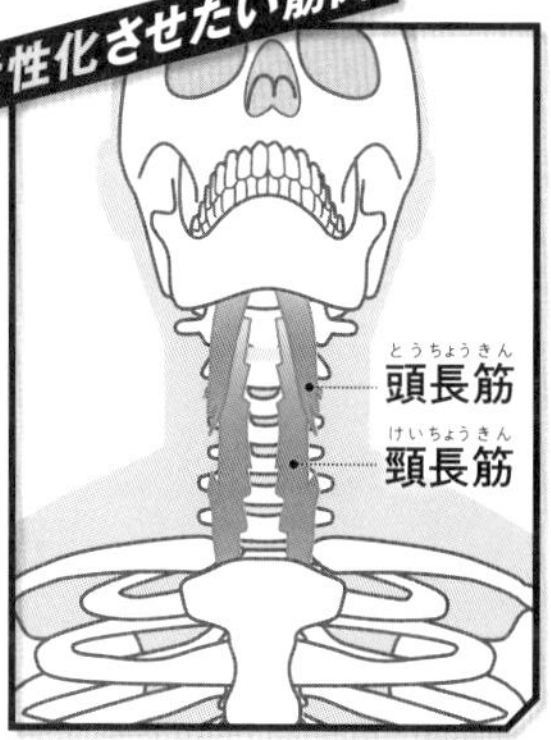


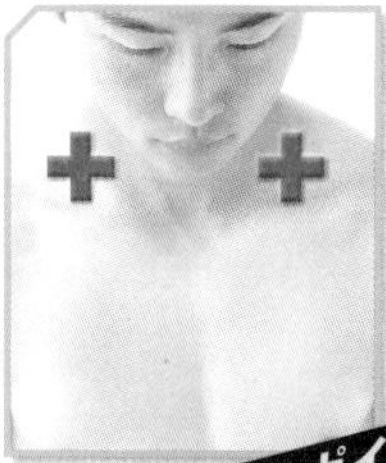


## クロスポイントを触りながら首を前後・左右・回転と動かす

両腕を交差し、反対側の中指を首のクロスポイントの位置に当てる。肩をすくめたときにできる首の横のくぼみを触りながら、首を前後・左右・回転左右と各3回動かす。

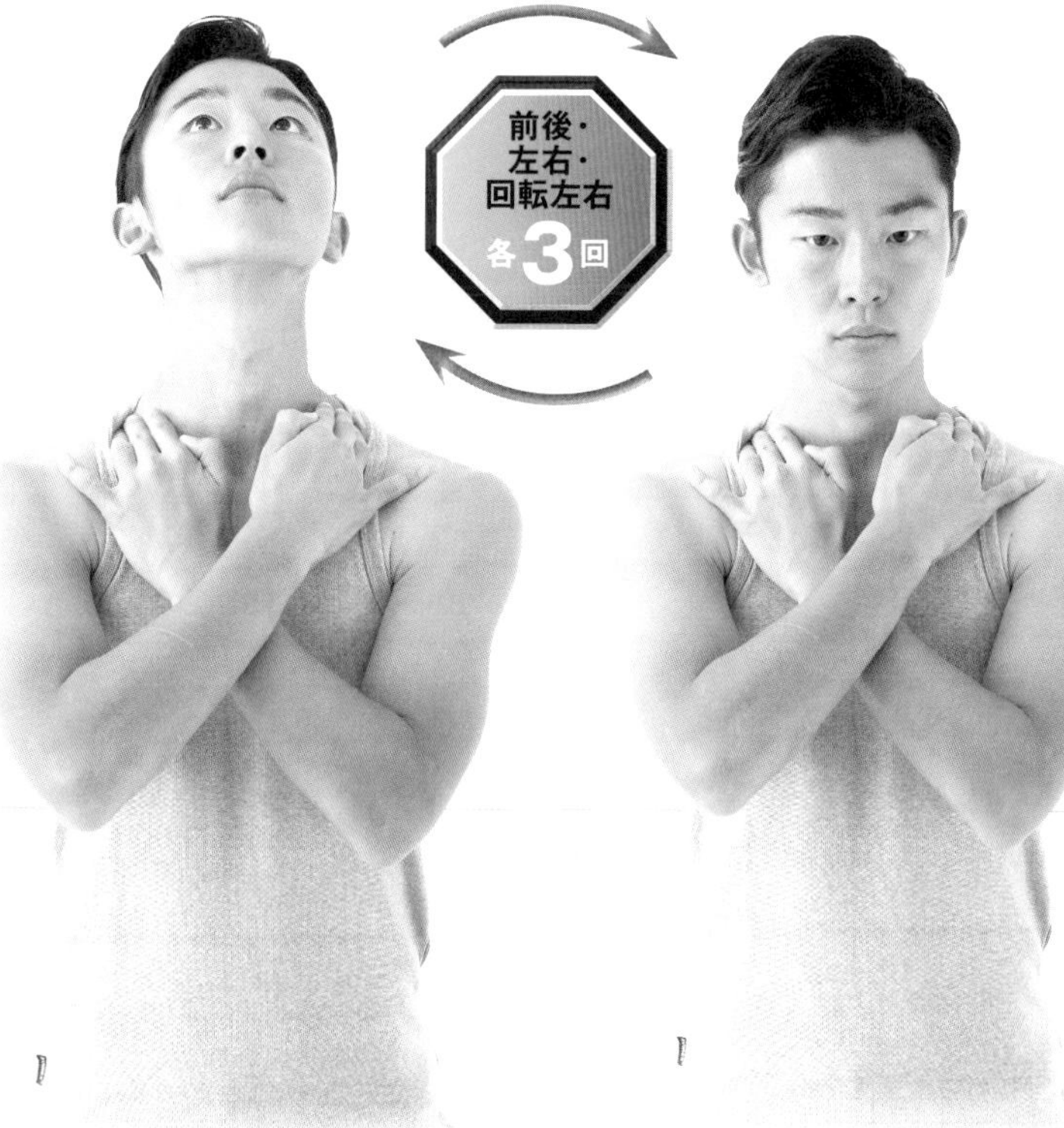


動画でチェック

プログラム❶
つなげる
5

# 手のひらと前腕の表側を伸ばす

クロスポイントの刺激が終わったら、四つん這い姿勢の際に手首やひじに力が入らないように、前腕のストレッチを行います。

動画でチェック

## 1 指先をカラダのほうに向けて両手のひらを床につける

正座から前傾姿勢になり、指先をカラダのほうに向けて、両手のひらを床につける。お尻を上げて、両手のひらに体重を乗せる。

## 2 お尻を後ろに引いて手のひらとひじの表側を伸ばす

肩が上がらないように注意し、わきを締めたまま、お尻を後ろに引く。手のひらとひじの表側にある筋肉を伸ばしていき、伸ばした姿勢で10秒キープ。

**Point**
肩が上がらないように注意し、わきを締めたまま、お尻を後ろに引く

この姿勢で10秒

# 手の甲と前腕の裏側を伸ばす

手首や前腕の筋肉は、肩をすくめてわきの締まりを悪くする僧帽筋や三角筋とつながりがあるため、先にゆるめておきます。

動画でチェック

## 1 右手の甲を床につけ、左手で押さえる

正座から前傾姿勢になり、右手の指先をカラダのほうに向けて、甲を床につける。左手で右手を押さえ、お尻を上げて、両手に体重を乗せる。

## 2 右ひじを外に巻いて ひじの裏側を伸ばす

右ひじを外に巻く。肩が上がらないように注意し、わきを締めたまま、お尻を後ろに引く。手の甲とひじの裏側にある筋肉を伸ばしていき、伸ばした姿勢で10秒キープ。

この姿勢で10秒

左 右

**Point**

左手で右手を押さえて、右ひじを外に巻く

***前から見ると***

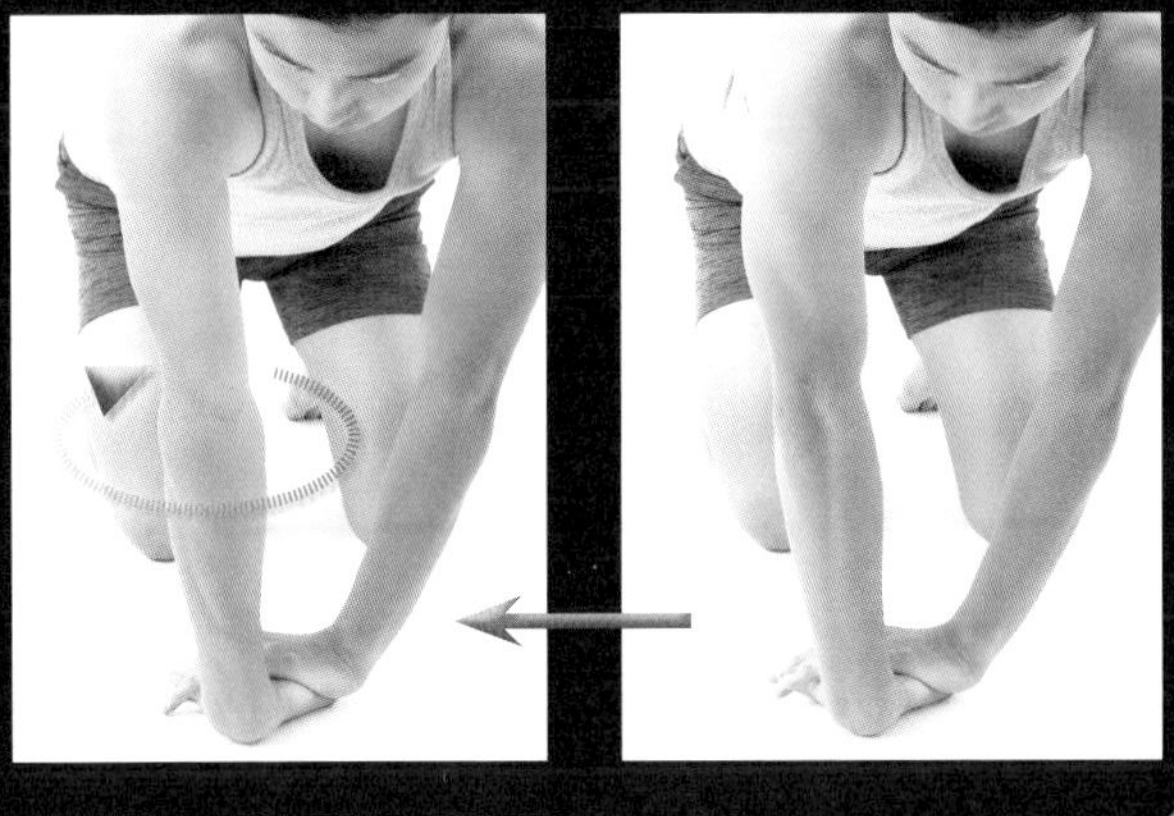

# 手、ひじ、わきをさする

手首とひじのストレッチを行ったあとは、指先からわきの下までさすって、手とひじとわきをつなげていきます。

動画でチェック

## 1 左腕を伸ばして右手を左手の小指に当てる

両足を腰幅に開いて立ち、左腕を胸の前に伸ばす。右腕も伸ばし、右手を左手の小指に当てる。

## 2 指先から わきの下まで 腕の内側をさする

右手のひらで、左腕の内側をさする。指先からわきの下まで、続けてわきの下から指先まで、さする。これを10回行う。

# 四つん這いで、わきを締めて腕の力を抜く

プログラム❶のラストは、四つん這いの姿勢を行います。正しくカラダが使えているか、腕の力が抜けているか、確認していきましょう。

## 1 両ひじを曲げてわきを締める

ひざ立ちになり、両ひじを曲げる。このとき、みぞおちを軽く丸めた状態で、わきを閉じて、肩をぐっと下げる。

## 2 両手を開いて閉じる、を3回繰り返す

わきを締めた感覚を保ったまま、両手を開いて閉じる、を3回繰り返す。注意点は背中を寄せないこと。みぞおちを丸めたまま、開いたり閉じたりして、二の腕でわきを締めていく。

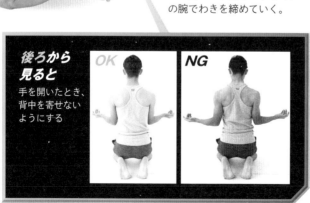

**後ろから見ると**

手を開いたとき、背中を寄せないようにする

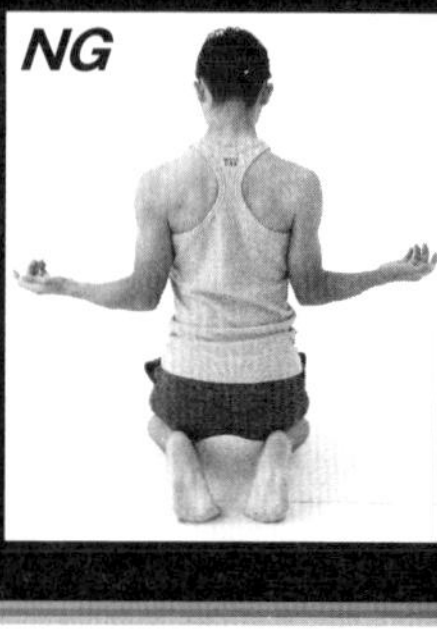


動画でチェック

## 3 両手を前に伸ばして手をハの字にする

わきを締めるという感覚がわかったら、両手を前に伸ばす。左右の手を近づけてハの字にし、手を甲側に曲げた状態にする。

## 4 股関節を曲げて床に両手をつく

両手、肩はそのまま、股関節を曲げて、四つん這いになる。手のひらの下にうずらの卵があると思って少しだけ手のひらを丸め込み、小指側に体重をかける。

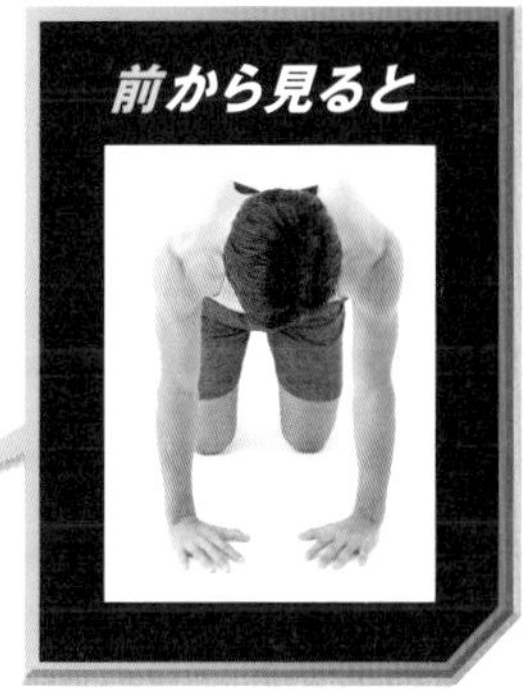

次のページへ続く

## 5 姿勢を調整してわきに体重を乗せる

手首の上にわきがあり、股関節の下にひざがあるように、姿勢を調整する。わき、ひじ、手のクロスポイントを、床と垂直に並べてあげるようなイメージでわきにしっかり体重を乗せること。その状態からわきを締めて、鎖骨の間をみぞおちに近づけるように頭を垂らす。

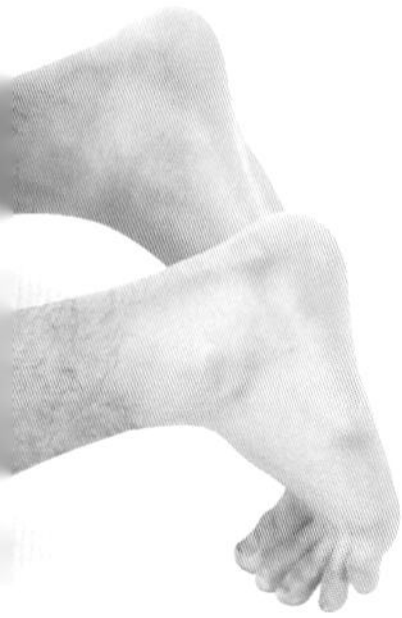

ここで確認したいこと

# 腕の力は抜けているか？

四つん這いの姿勢になったら、そのまま、確認します。プログラム❶の立甲姿勢では、わきを締めたときに腕の力が抜けているかどうか、というところがポイントになっていきます。練習当初は、四つん這いになると腕に力が入りがちですが、練習を重ねていくうちに、腕の力を抜いた姿勢をとることができるようになります。手、ひじ、肩などの位置や動きをひとつひとつチェックして、正しくカラダが使えているか、腕の力が抜けているか、確認していきましょう。

### 肩

- □ わきの真下に手がきているか？
- □ 肩をすくませて、肩甲骨を寄せていないか？

### 股関節

- □ 股関節の下にひざがきているか？

### 頭

- □ 頭をダランと倒して力が抜けているか？

### 手

- □ 手のひらを少し丸めて小指側に体重がかかっているか？

### ひじ

- □ ひじが外巻きになっているか？

クイックガイド
Quick guide

# 体幹とわきをつなげていく練習プログラム❷

練習に慣れてきたら、プログラム❷に進みましょう。
プログラム❷では、
7つのワークを行って体幹とわきをつなげていきます。
練習は、プログラム❶と同様、
「刺激する」→「つなげる」→「確認する」という手順で行っていきます。
プログラム❷の手順1「刺激する」では、
体幹にある4カ所のクロスポイントと、鎖骨のポイントを刺激。
続く手順2で、肩の調整等を行い、
体幹とわきをつなぎやすくしていきます。
手順3は、四つん這いの姿勢になります。
腕を伸ばしてわきで支えられているか、
練習後の変化を確認してみてください。

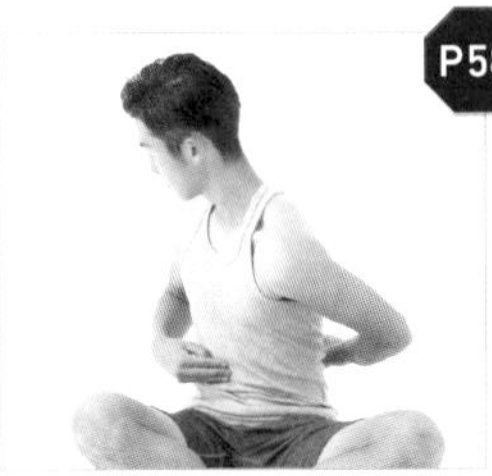

P58

**1 みぞおちと背中のクロスポイントを刺激する**

アウターマッスルをゆるめ、インナーマッスルである横隔膜や大腰筋の機能を高める

刺激する

つなげる

確認する

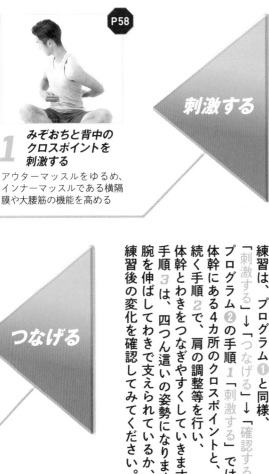

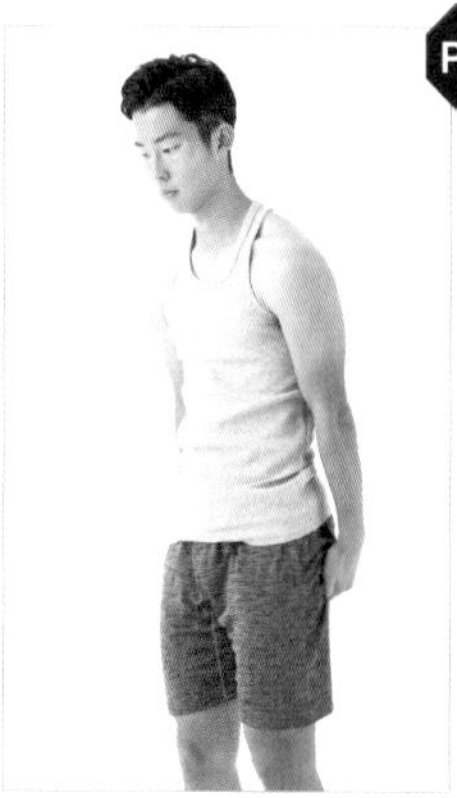
P60

## 2 股関節とお尻のクロスポイントを刺激する

刺激を入れて大腰筋、大内転筋などを活性化し、骨盤やひざを安定させる

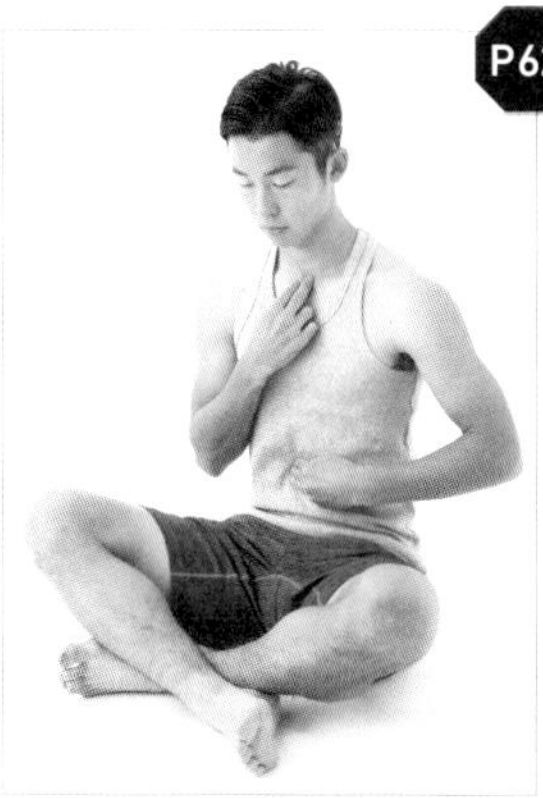
P62

## 3 鎖骨のポイントを刺激する

鎖骨を刺激して、鎖骨とみぞおちの間をゆるめていく

P64

## 4 手、ひじ、わきをたたく

手をピストルポーズにすることで、手の小指側とつながりのあるわきに刺激が入る

P66

## 5 仰向けでわきから腕を伸ばす

仰向けで行う、強度「弱」のワーク。わきの感覚がつかみやすい

P68

## 6 座ってわきから腕を伸ばす

座って行う場合は、強度「中」のワーク。わきの意識を高めていく

P70

## 7 四つん這いで、腕を伸ばしてわきで支える

正しくカラダが使えているか、わきで支えることができているか、確認する

# みぞおちと背中のクロスポイントを刺激する

体幹にあるふたつのクロスポイントを刺激。
おもに呼吸のときに使われる横隔膜と、
股関節の動きをつくる大腰筋の
機能を高めていきます。

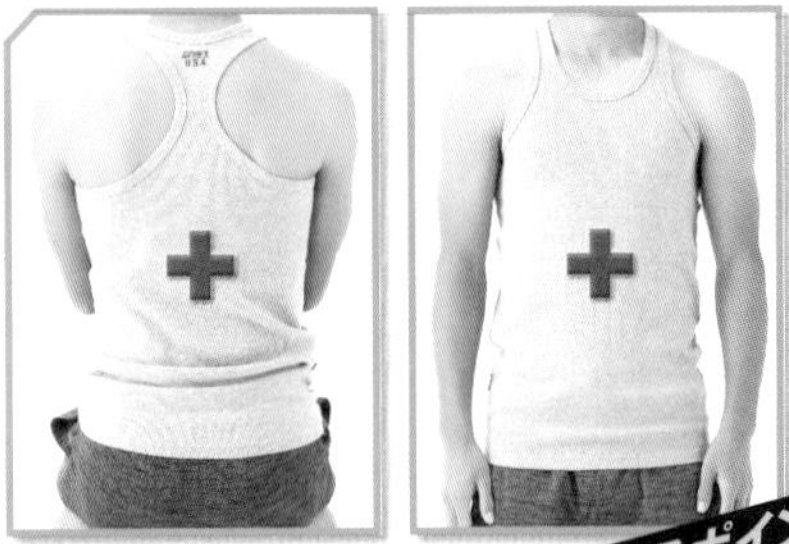


## 1

### 刺激を入れる前に呼吸でみぞおちをゆるめる

あぐらをかき、指先で、へそから指４本上にあるみぞおちのクロスポイントを触る。もう一方の手の指先で、反対側の背中を触る。みぞおち周辺の筋肉をゆるめる意識で、みぞおちを膨らます呼吸を5～10回行う。

動画でチェック

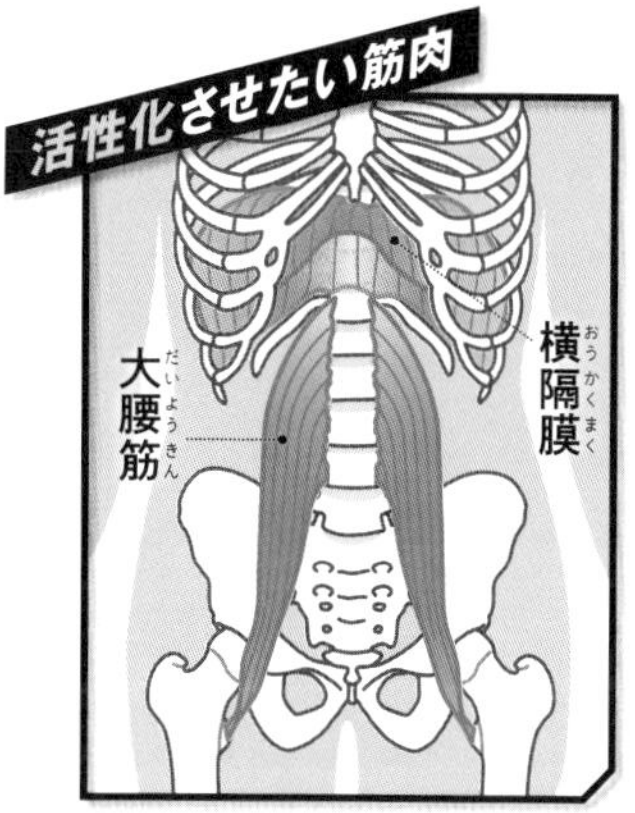


## 2 クロスポイントを触りながら背骨を動かす

みぞおちと背中のクロスポイントを触りながら、背骨を丸めたり起こしたり、横に倒したり、ひねったりして動かしていく。前後・左右・回転左右と各3回行う。

**前後・左右・回転左右 各3回**

# 股関節とお尻のクロスポイントを刺激する

股関節のクロスポイントは大腰筋と腸骨筋、お尻のクロスポイントは大殿筋・大内転筋・ハムストリングスを活性化させます。

動画でチェック

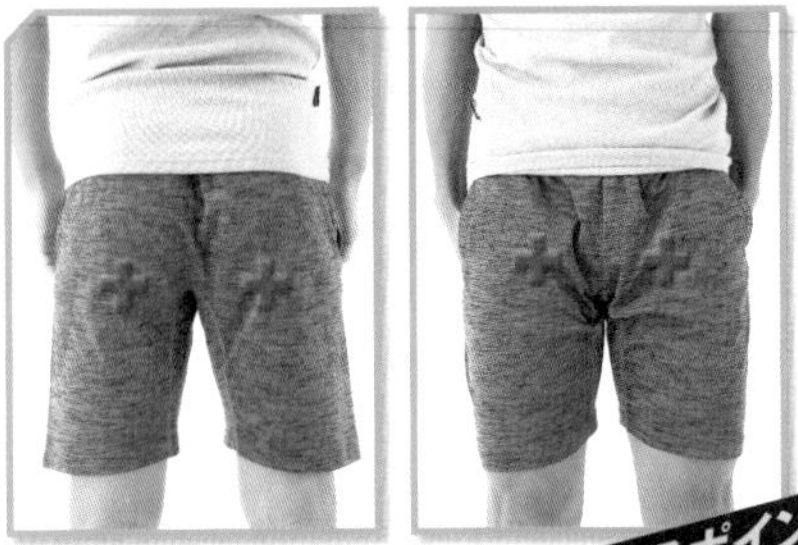

クロスポイントはココ!

## 1 股関節のクロスポイントを触りながら曲げる

足を腰幅に開き、つま先を前に向けて、小指側に体重をかける。足の付け根、恥骨の横にある股関節のクロスポイントを触る。ひざを軽くゆるめ、お尻を引くようにして股関節を曲げていく。

**Point**

股関節がきちんと曲がっていると、裏ももの お尻寄りの部分が伸びるので、それを感じとる

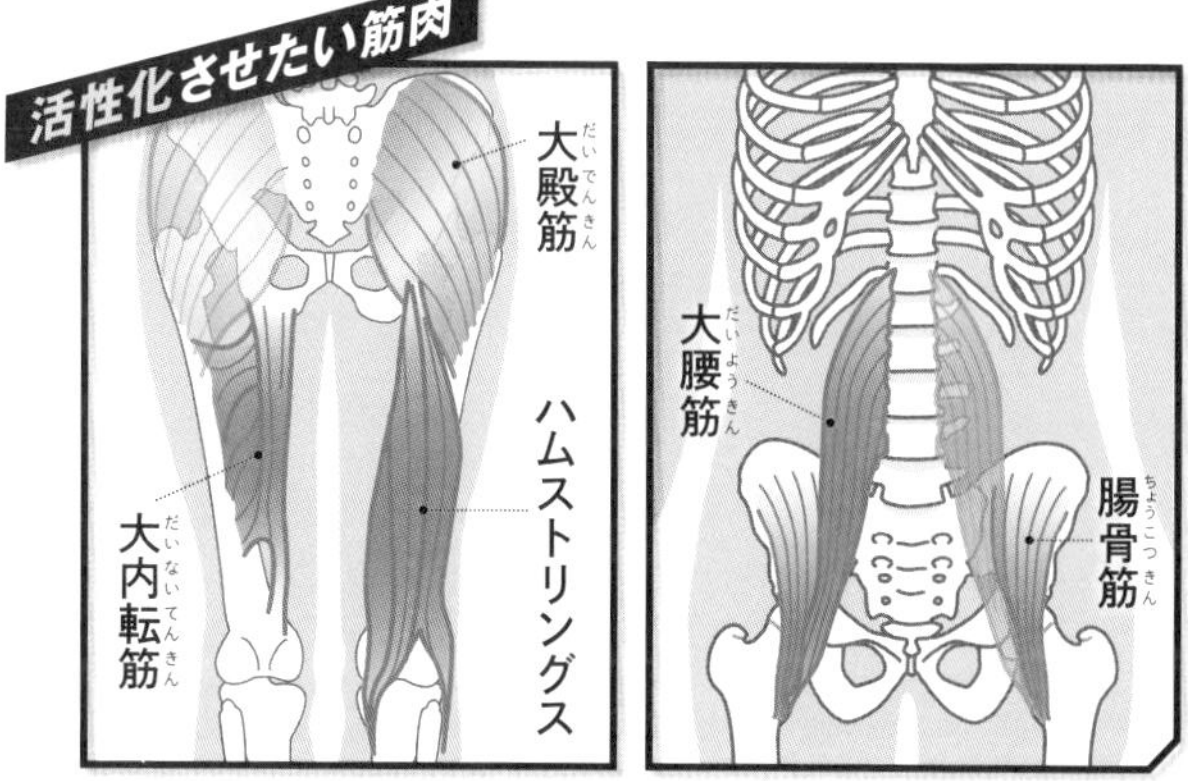


10回
行う

## 2 お尻のクロスポイントを触りながら起こす

裏もも付け根（座骨）にあるお尻のクロスポイントを触り、そこから、上体を起こしていく。1と2を10回繰り返す。

**Point**
座骨をゆるめるイメージで上体を起こしていく

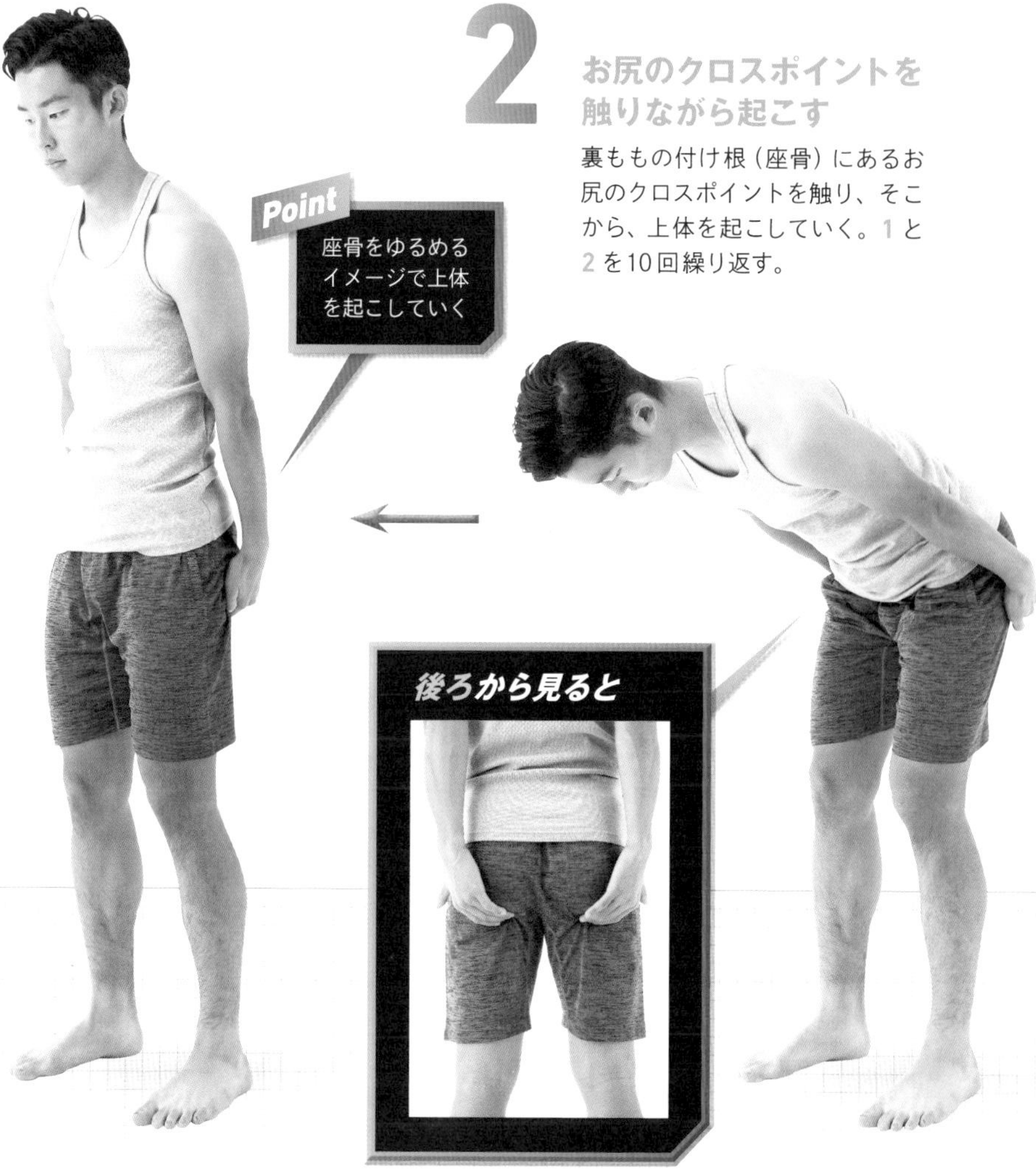

プログラム❷
刺激する
3

# 鎖骨のポイントを刺激する

鎖骨はクロスポイントではないのですが、肩甲骨を開くうえで大事なポイントですので、ていねいにゆるめていきます。

## 1 鎖骨とみぞおちの間をさする

あぐらをかき、指先を鎖骨のポイントと、へそから指4本上にあるみぞおちのクロスポイントに置く。両手の指先を細かく動かして、鎖骨とみぞおちの周辺を、10〜20秒さする。

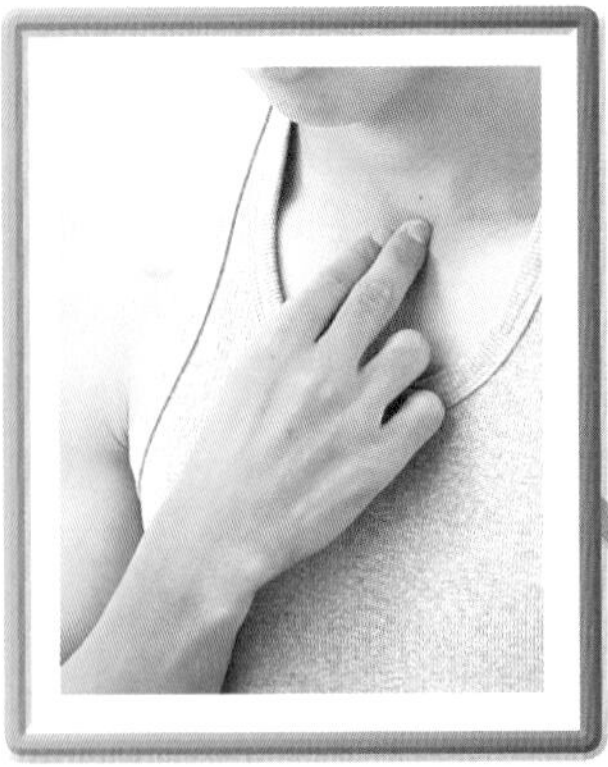

動画でチェック

# 2

## 鎖骨とみぞおちを触りながら 鎖骨の間をみぞおちに近づける

鎖骨とみぞおちのポイントを触りながら上体をかがめて、鎖骨の間をみぞおちに近づける。10回行う。

プログラム❷
つなげる
4

# 手、ひじ、わきをたたく

上腕の下部をトントンとたたきます。手をピストルポーズにすることで、手の小指側とつながりのあるわきに刺激が入ります。

**Point**

手はピストルポーズをとる。小指、薬指、中指の3指を握ってから、手首を小指側に倒す

**後ろから見ると**

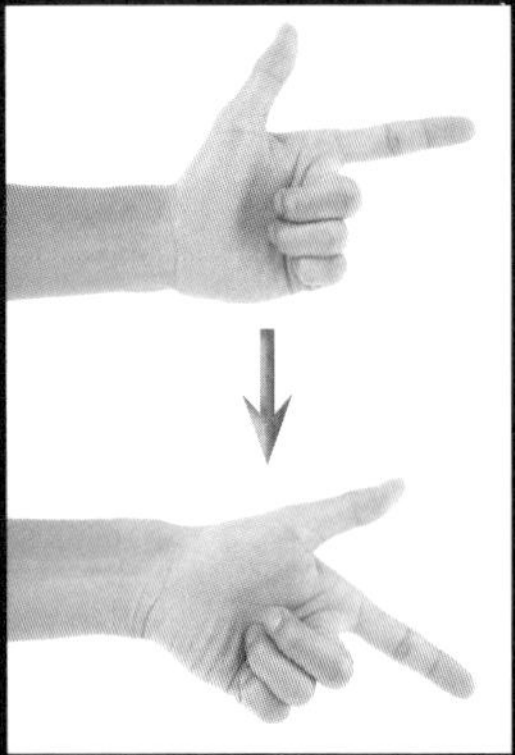

## 1

### ピストルポーズをとってひじのクロスポイントを触る

両足を腰幅に開いて立つ。左手は、小指、薬指、中指の3指を握って、手首を小指側に倒す、ピストルポーズをとる。左ひじを曲げ、右手の指先でひじの骨の出っ張りの下にあるくぼみあたりを触る。

動画でチェック

## 2 ピストルポーズをとったまま腕の内側をたたく

左ひじを伸ばす。右手を軽く握り、左腕の内側を、ひじからわきの下まで、続けてわきの下からひじまで、トントンと5～10回たたく。

## 3 ピストルポーズをとったまま腕を体の横で動かす

ピストルポーズをとったまま、左腕を体の横で後ろに引き、前に動かす。1～3を10回繰り返す。

10回 行う 左右

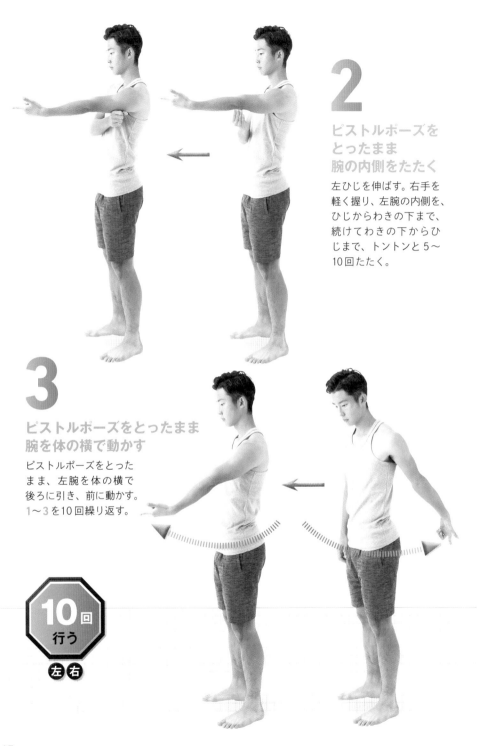

プログラム❷
つなげる
5

# 仰向けでわきから腕を伸ばす

わきの意識を高めるワークを行っていきます。姿勢によって強度が変わり、仰向けで行うこのワークは、強度「弱」です。

動画でチェック

## 1 仰向けになり両ひざを立てる

## 2 ピストルポーズをとって左腕を上げる

左手は、小指、薬指、中指の3指を握ってピストルポーズをとり、天井方向へ上げる。右手で、左のわきの下を押さえる。

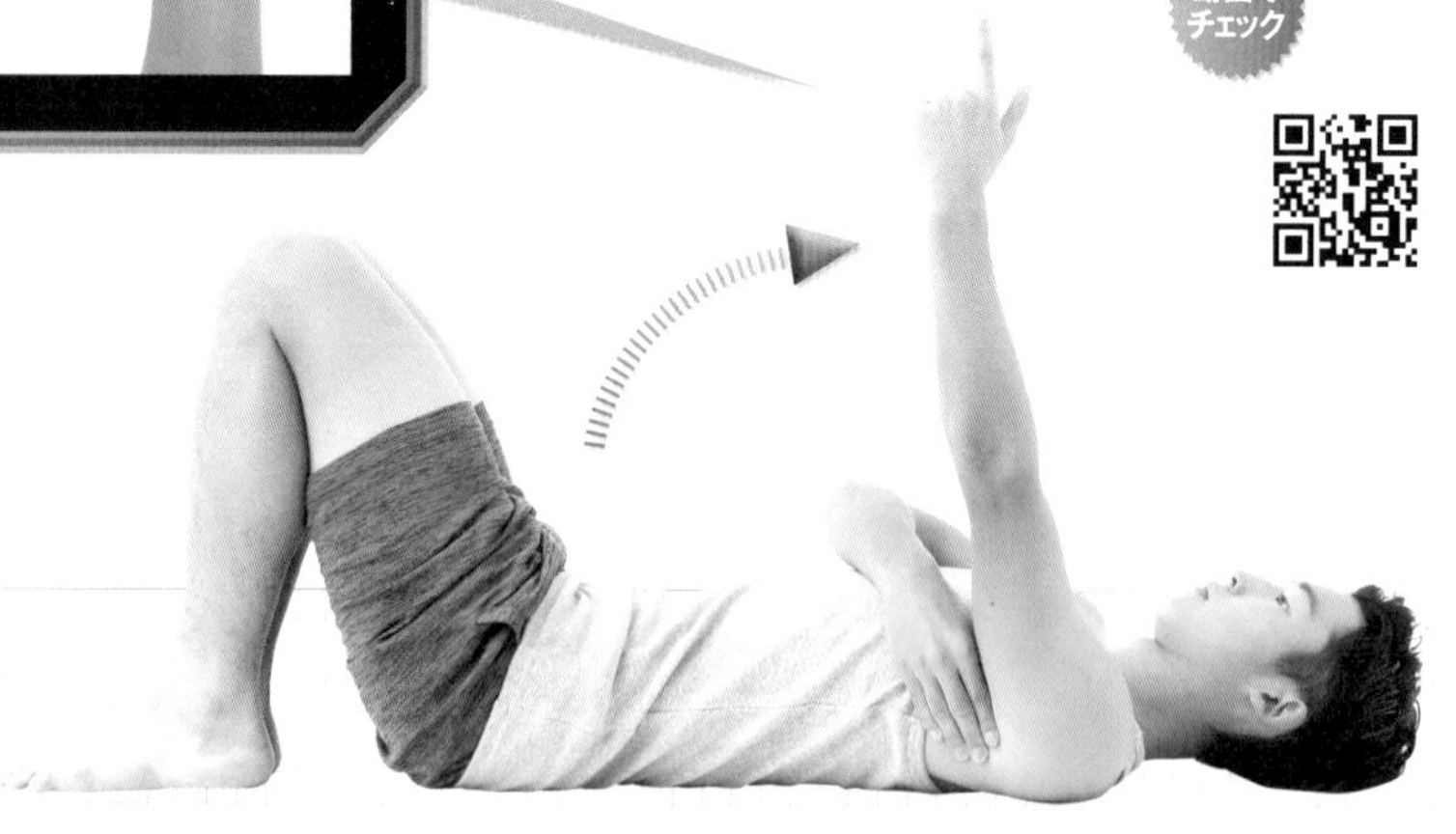

## 3 左腕を天井へ伸ばして もとの位置に戻す

左肩が上がらないようにしっかり下げてわきを締める。わきを締めたまま、左腕を天井へ伸ばし、わきを締めたまま、もとの位置に戻す。これを10回行う。

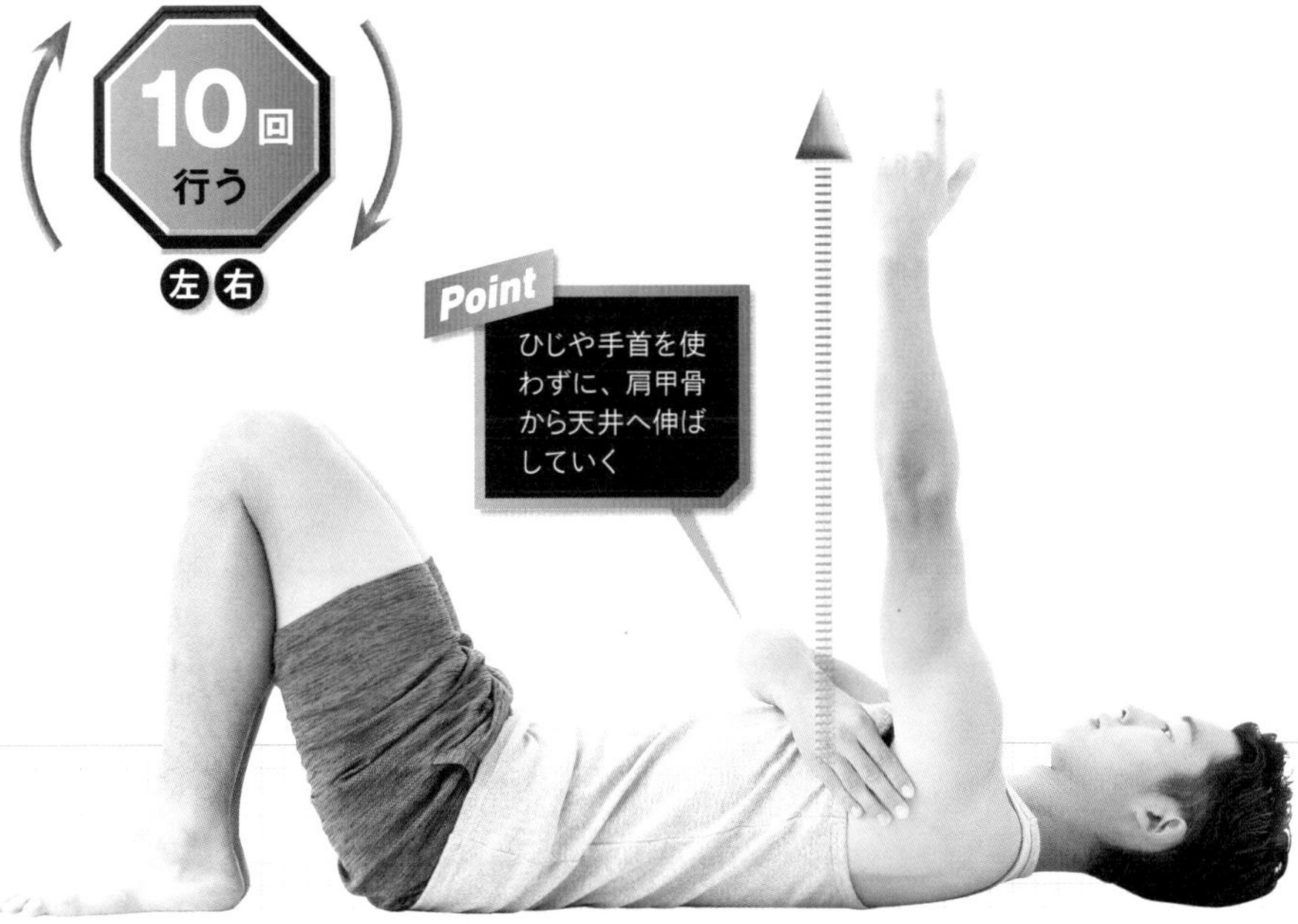

プログラム❷
つなげる
6

# 座ってわきから腕を伸ばす

わきの意識を高めるワークは、姿勢によって強度が変わり、座って行う場合は、強度「中」です。

## 1

正座、または
あぐらをかいて座る

## 2

ピストルポーズをとって
左腕を上げる

左手は、小指、薬指、中指の3指を握ってピストルポーズをとり、肩の高さまで上げる。右手で、左のわきの下を押さえる。

横から見ると

動画でチェック

# 3

## 左腕を前に伸ばしてもとの位置に戻す

左肩が上がらないようにしっかり下げてわきを締める。わきを締めたまま、左腕を前に伸ばし、わきを締めたまま、もとの位置に戻す。これを10回行う。

プログラム❷
確認する
7

# 四つん這いで、腕を伸ばしてわきで支える

プログラム❷のラストは、四つん這いの姿勢を行います。腕を伸ばしてわきで支えられているか、確認していきましょう。

## 1 両ひじを曲げて わきを締める

ひざ立ちになり、両ひじを曲げる。このとき、みぞおちを軽く丸めた状態で、わきを閉じて、肩をぐっと下げる。

## 2 両手を開いて閉じる、を3回繰り返す

わきを締めた感覚を保ったまま、両手を開いて閉じる、を3回繰り返す。注意点は背中を寄せないこと。みぞおちを丸めたまま、開いたり閉じたりして、二の腕でわきを締めていく。

**後ろから見ると**

手を開いたとき、背中を寄せないようにする

動画でチェック

## 3 両手を前に伸ばして手をハの字にする

わきを締めるという感覚がわかったら、両手を前に伸ばす。左右の手を近づけてハの字にし、手を甲側に曲げた状態にする。

## 4 股関節を曲げて床に両手をつく

両手、肩はそのまま、股関節を曲げて、四つん這いになる。手のひらの下にうずらの卵があると思って少しだけ手のひらを丸め込み、小指側に体重をかける。

次のページへ続く

## 5 わきで支え、鎖骨をみぞおちに近づける

手首の上にわきがあり、股関節の下にひざがあるように、姿勢を調整する。肩甲骨を寄せないように注意してわきを締めて、その状態から鎖骨の間をみぞおちに近づけるように頭を垂らす。このときも、肩がすくまないように注意する。

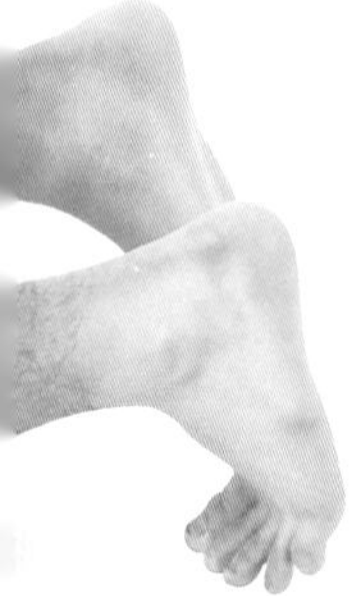

ここで確認したいこと

# 腕を伸ばしてわきで支えられているか？

プログラム❷では、腕を伸ばしてわきで支えられているか、腹筋や背筋の力が抜けているかということが確認ポイントです。練習を重ね、わきで腕を押している感覚が得られたら、肩甲骨と上腕骨が一直線につながった上手なわきの使い方が身についてきた証拠です。手、ひじ、肩などの位置や動きをひとつひとつチェックして、正しくカラダが使えているか、腕を伸ばしてわきで支えられているか、確認していきましょう。

## 肩

□ わきの真下に手がきているか？
□ 肩をすくませて、肩甲骨を寄せていないか？

## 頭

□ 鎖骨の間をみぞおちに近づけるように頭を倒せているか？

## 体幹

□ 腹筋や背筋の力が抜けているか？

## 股関節

□ 股関節の下にひざがきているか？

## 手

□ 手のひらを少し丸めて小指側に体重がかかっているか？

## ひじ

□ ひじが外巻きになっているか？

クイックガイド
Quick guide

# 下肢とわきをつなげていく練習プログラム❸

わきを締める感覚がわかってきた頃だと思います。
プログラム❸は、
7つのワークを行って下肢とわきをつなげていきます。
練習は、これまでと同様、
「刺激する」→「つなげる」→「確認する」という手順で行っていきます。
プログラム❸の手順1「刺激する」では、
下肢にある4カ所のクロスポイントを刺激。
続く手順2で、股関節の調整等を行い、
下肢とわきをつなぎやすくしていきます。
手順3は、四つん這いの姿勢になります。
わきから押し込むことができているか、
練習後の変化を確認してみてください。

P76

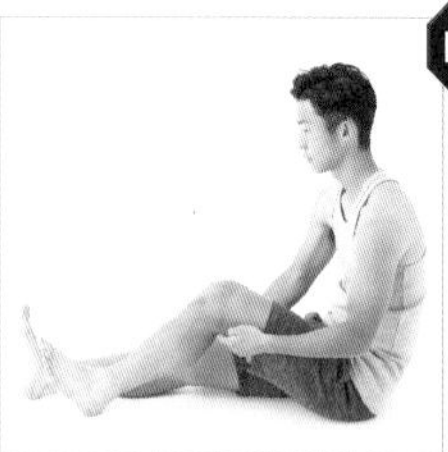

## 1 ひざ裏のクロスポイントを刺激する

ひざ裏にあるクロスポイントを刺激して、ひざのゆがみを調整し動きをなめらかにする

刺激する

つなげる

確認する

P77

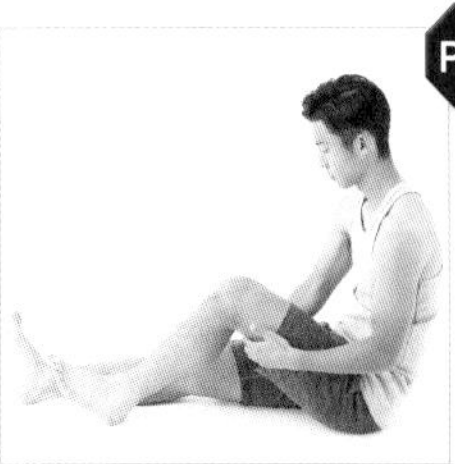

## 2 ひざ裏上の クロスポイントを 刺激する

クロスポイントを押さえながらひざの曲げ伸ばしを行い、ハムストリングスを活性化させる

P78

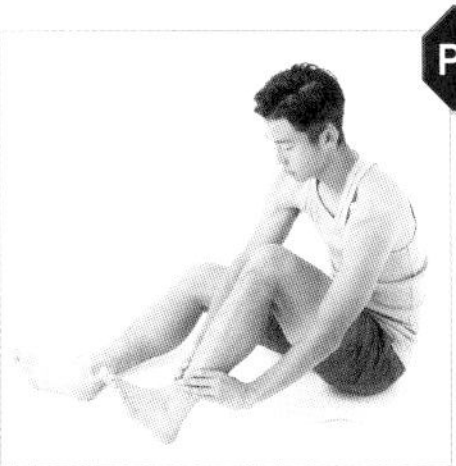

## 3 アキレス腱の クロスポイントを 刺激する

アキレス腱にあるクロスポイントを刺激して、足関節の動きをスムーズにする

P79

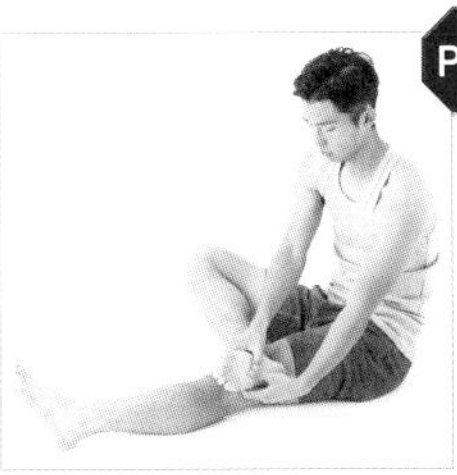

## 4 足裏の クロスポイントを 刺激する

足裏のクロスポイントを刺激して、内側と外側のアーチを調整する

## 5 股関節を引いて 内ももと 裏ももをさする

ももの内側と裏側を同時にさすって、下肢とわきをつなげていく

P80

## 6 仰向けで ヒップリフト

インナーマッスルを意識しながら行い、ももの内側と体幹をつなげていく

P82

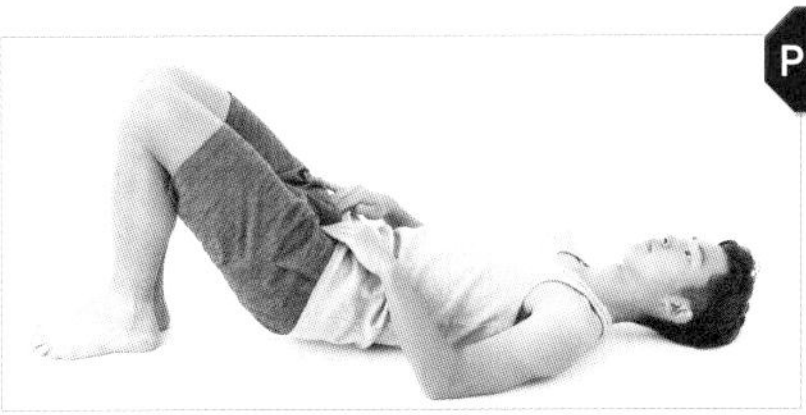

P84

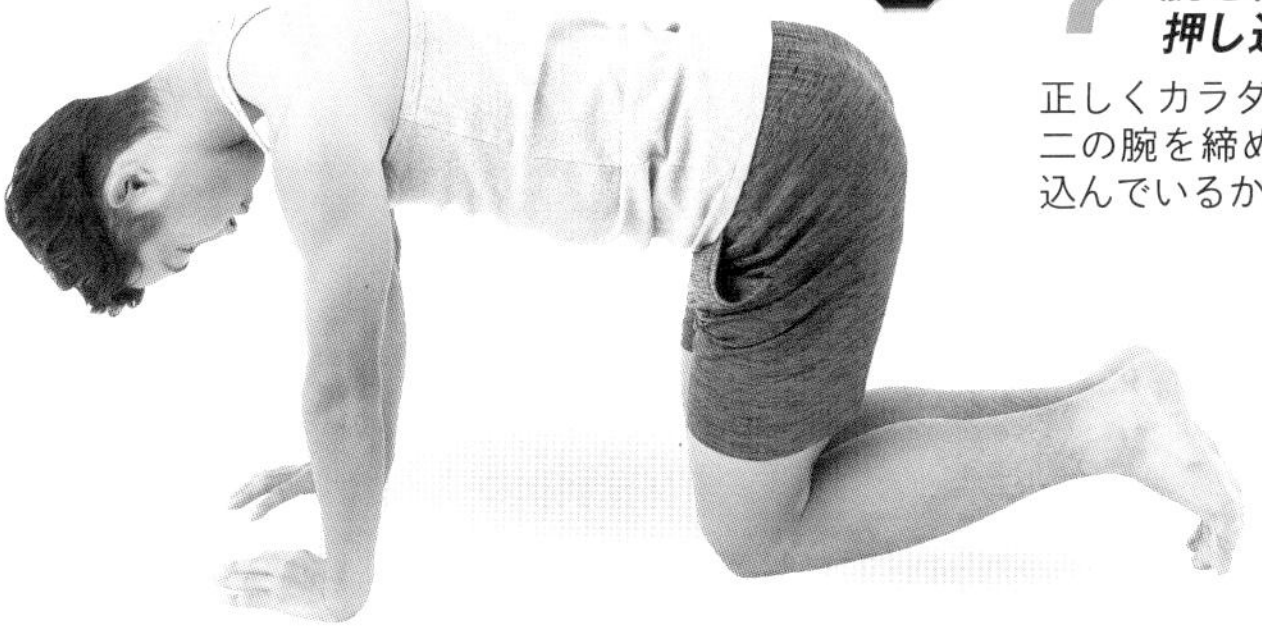

## 7 四つん這いで、 腕を締めてわきから 押し込む

正しくカラダが使えているか、二の腕を締めてわきから押し込んでいるか、確認する

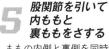

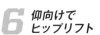

プログラム③
刺激する
1

# ひざ裏のクロスポイントを刺激する

ひざの真裏にあるクロスポイントを刺激して、ひざのゆがみを調整し、動きをなめらかにしていきます。

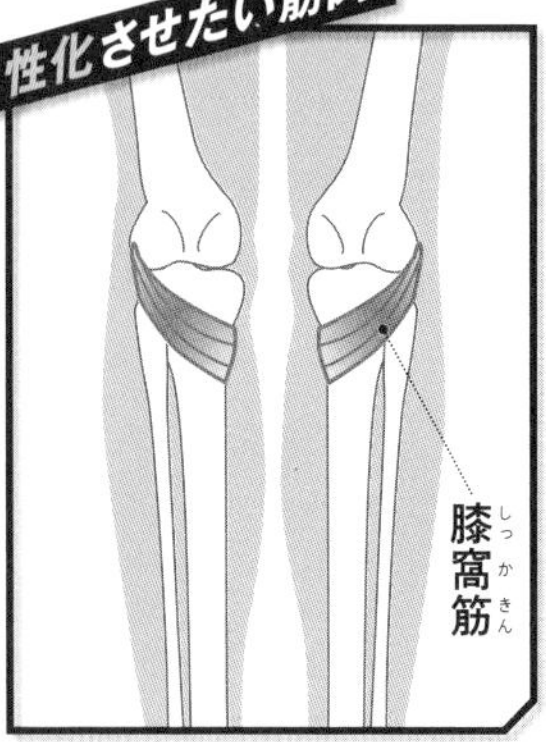


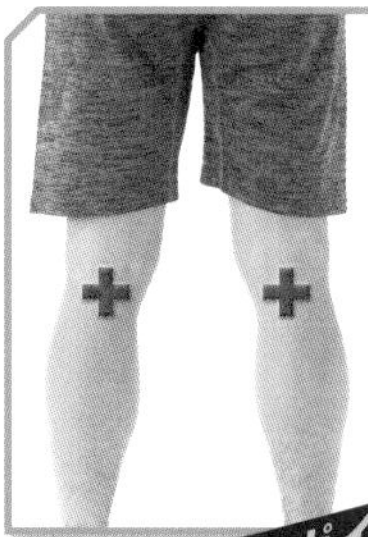


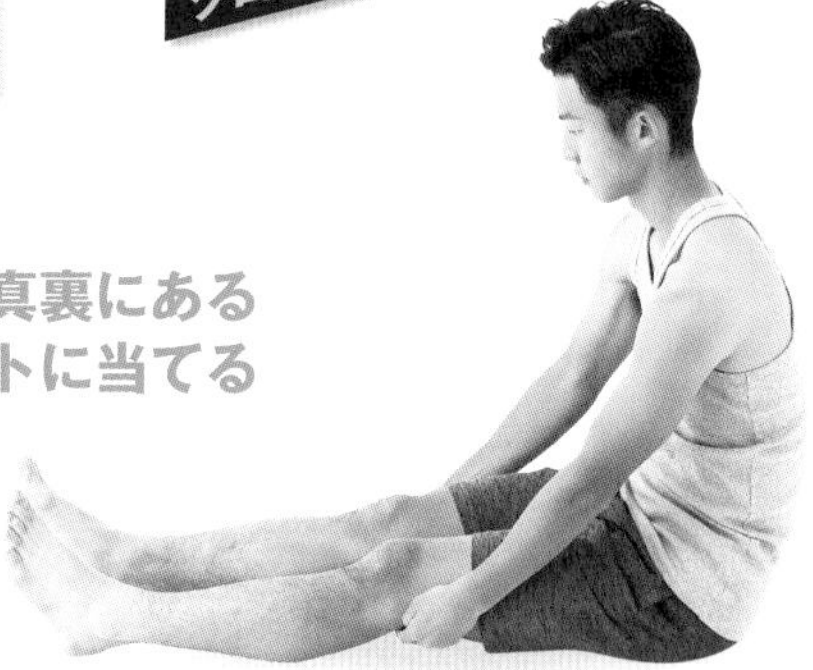

## 1 指先をひざの真裏にあるクロスポイントに当てる

床に座り、両手の中指を、左右のひざの真裏にあるクロスポイントに当てる。

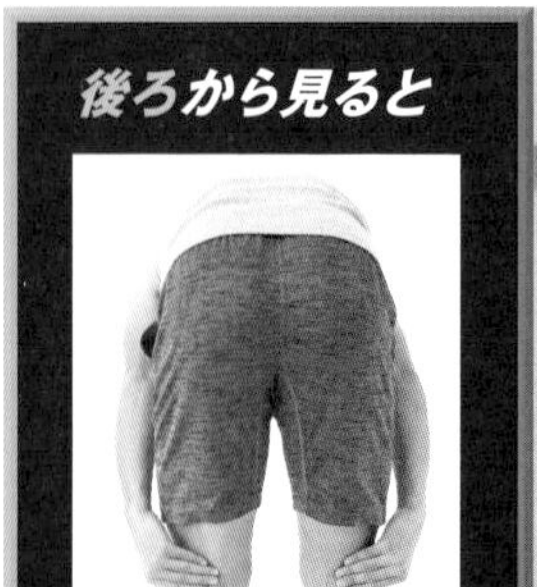


## 2 左右交互にひざの曲げ伸ばしを行う

クロスポイントを触りながら、左右交互に、ひざの曲げ伸ばしを10回行う。

**10回行う**

動画でチェック

プログラム❸ 刺激する 2

# ひざ裏上のクロスポイントを刺激する

ハムストリングスを優位に働かせることにより、大腰筋の機能が高まり、股関節の動きがスムーズになります。

動画でチェック

活性化させたい筋肉

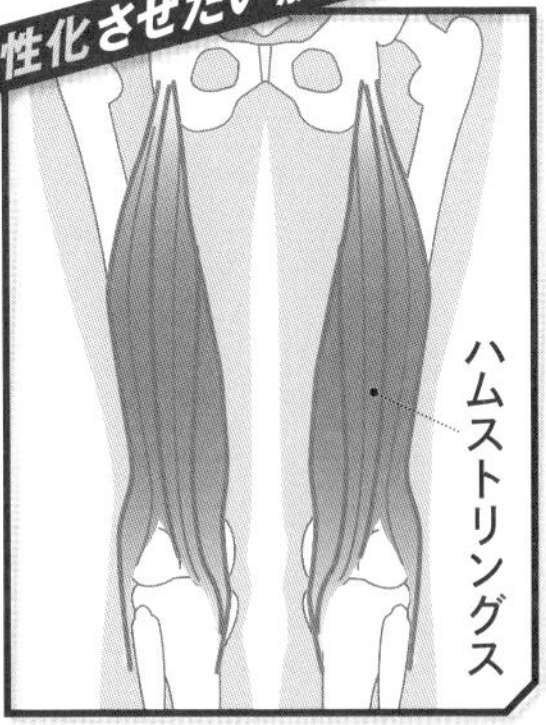


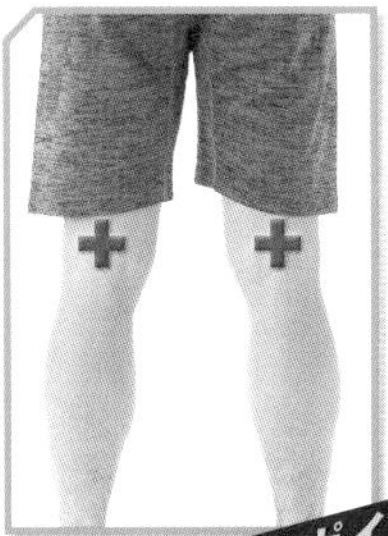

クロスポイントはココ！

## 1 指先をひざ裏上にあるクロスポイントに当てる

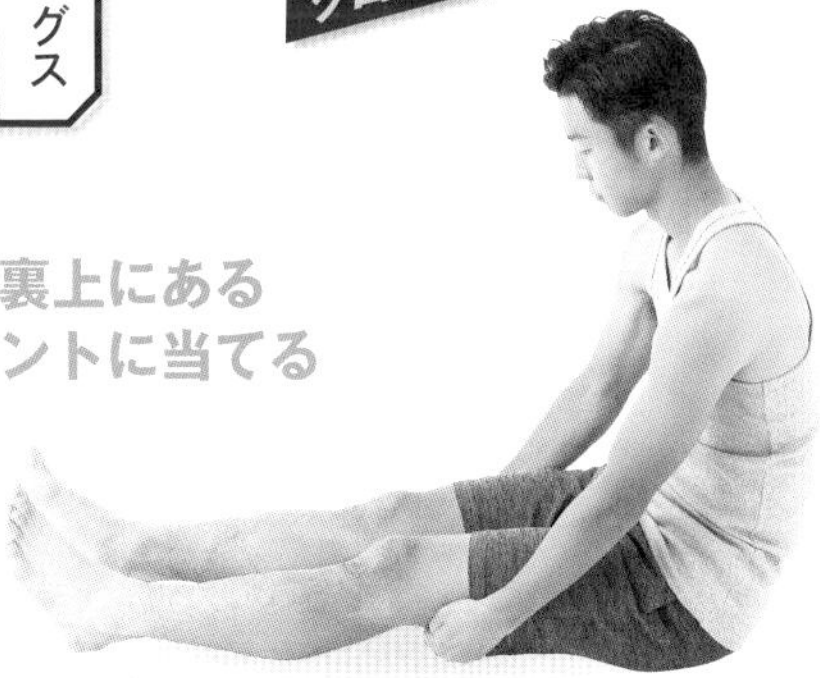

床に座り、両手の中指を、左右のひざ裏上のクロスポイントに当てる。位置は、ひざの真裏のクロスポイントから指4本上、ハムストリングスの内側と外側が交わるところ。

後ろから見ると

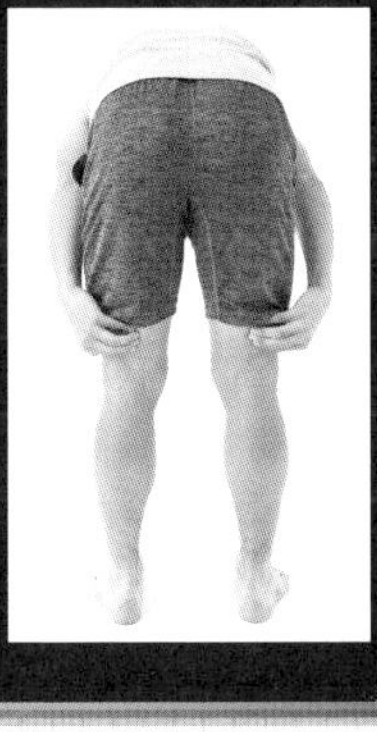

## 2 左右交互にひざの曲げ伸ばしを行う

クロスポイントを触りながら、左右交互に、ひざの曲げ伸ばしを10回行う。

10回 行う

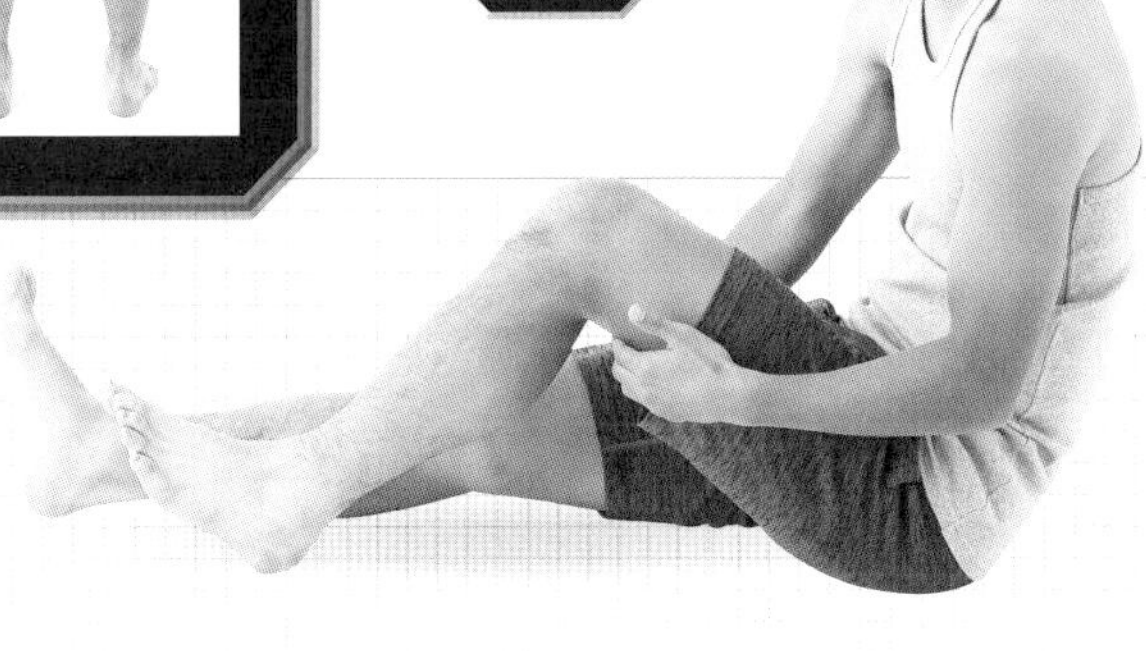

## プログラム③ 刺激する 3

# アキレス腱のクロスポイントを刺激する

アキレス腱のクロスポイントに刺激を入れると、ふくらはぎの奥深いところに走行している筋肉が機能しやすくなり、足関節の動きがスムーズになります。

**活性化させたい筋肉**

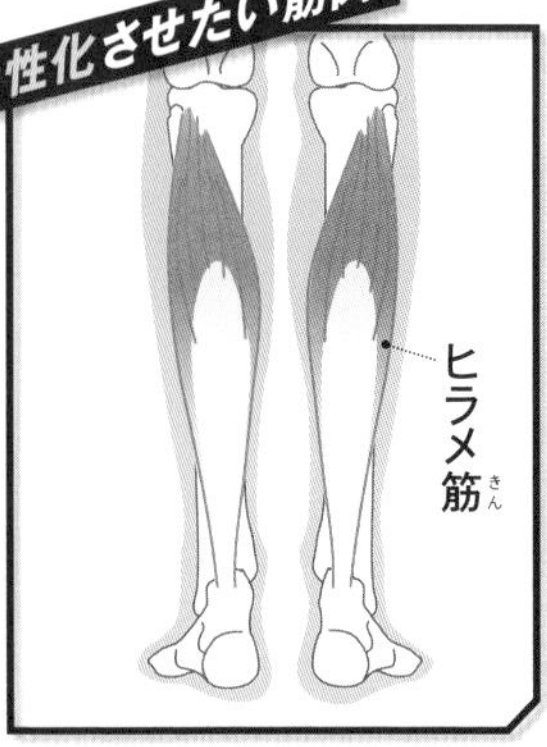


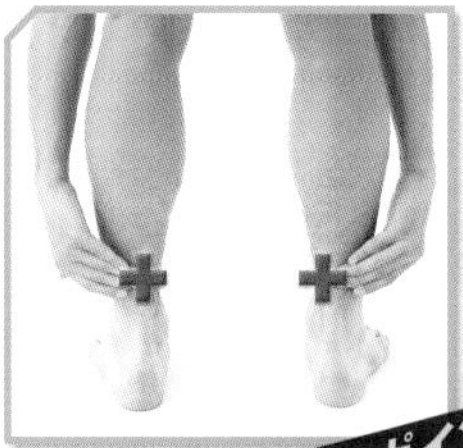

**クロスポイントはココ!**

動画でチェック

## 1 指先をアキレス腱のクロスポイントに当てる

床に座り、両手の親指を、左アキレス腱のクロスポイントに当てる。位置は、内くるぶしから指４本上のアキレス腱上にある。

## 2 クロスポイントを触りながら足首を前後に動かす

クロスポイントを触りながら、足首を前後に、10 回動かす。

**10回 行う**

**左 右**

プログラム③
刺激する
4

# 足裏のクロスポイントを刺激する

足裏にあるクロスポイントに刺激を入れます。内側と外側のアーチを調整して、足部の機能を向上させていきましょう。

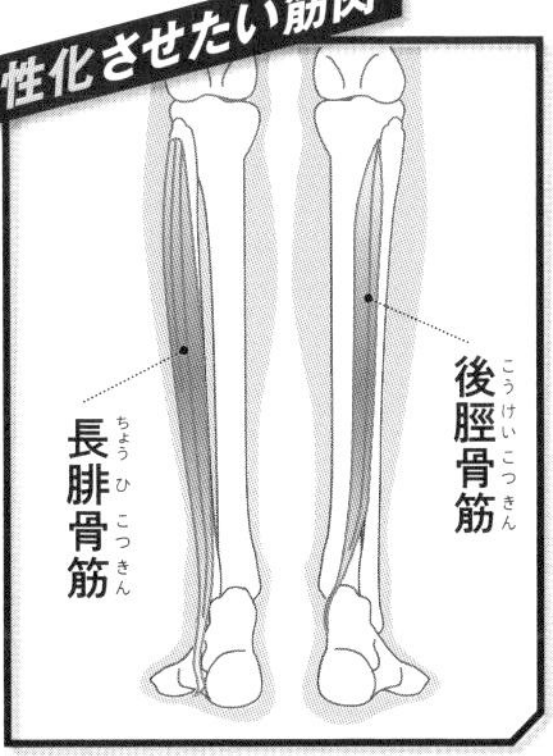


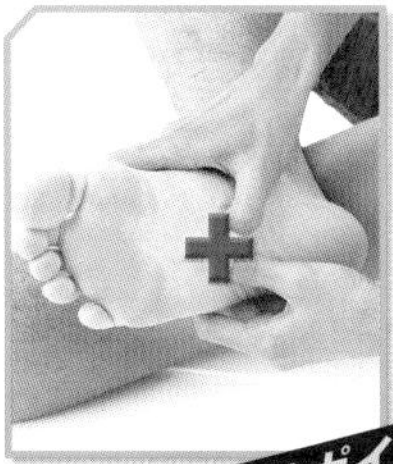


## 1 指先を足裏のクロスポイントに当てる

床に座り、両手の親指を、右足裏のクロスポイントに当てる。

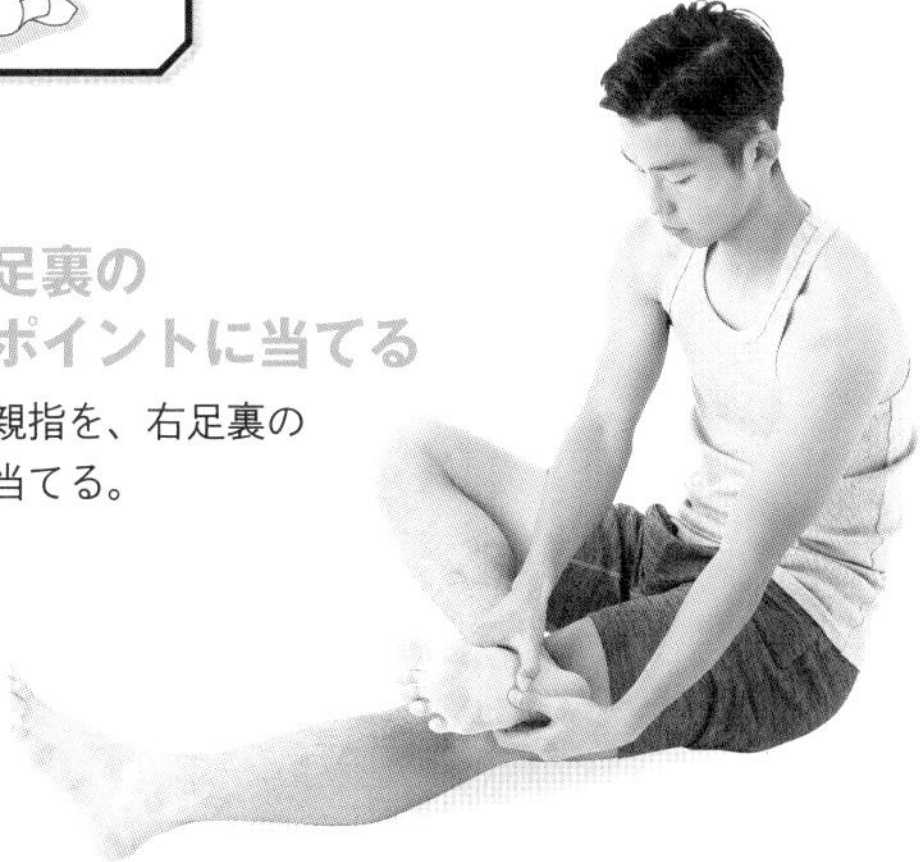

## 2 クロスポイントを触りながらグーパーを行う

クロスポイントを触りながら、足指でグーパーを10回行う。

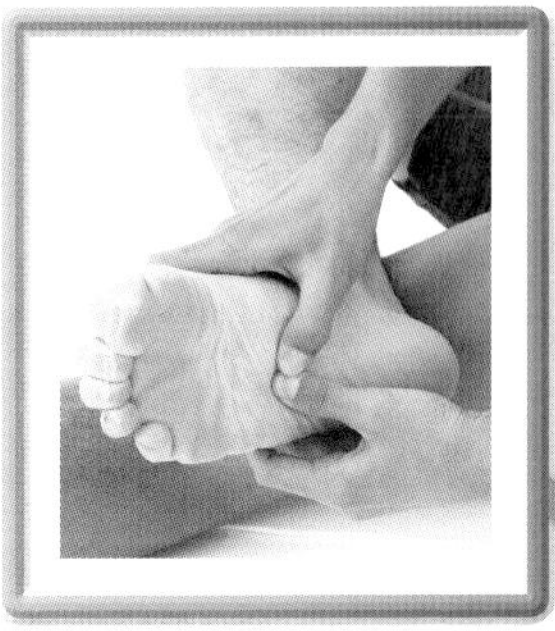

10回 行う
左 右

動画でチェック

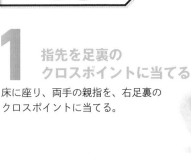

プログラム❸
つなげる
5

# 股関節を引いて内ももと裏ももをさする

下肢のクロスポイントを刺激したあとは、ももの内側と裏側を同時にさすって、下肢とわきをつなげていきます。

動画でチェック

## 1

### 股関節のクロスポイントを触りながら曲げる

足を腰幅に開き、つま先を前に向けて、小指側に体重をかける。足の付け根、恥骨の横にある股関節のクロスポイントを触る。ひざを軽くゆるめ、お尻を引くようにして股関節を曲げていく。

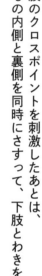

## 3
### お尻のクロスポイントを触りながら上体を起こす

裏ももの付け根（座骨）にあるお尻のクロスポイントを触り、ゆっくりと上体を起こす。1〜3を10回繰り返す。

**10回行う**

## 2
### ももの内側と裏側をさする

両手を内ももに移動し、そのままももの内側と裏側を同時にさする。これを5〜10回行う。

# 仰向けでヒップリフト

表面的な腹筋ではなく、インナーマッスルを意識しながらヒップアップ。ももの内側と体幹をつなげていきます。

動画でチェック

## 1 仰向けになり股関節のクロスポイントを触る

仰向けになり、足の付け根、恥骨の横にある股関節のクロスポイントを触る。

## 2 両ひざを立てて左右の足を近づける

両ひざを立てて、左右の足を近づける。

Point
裏ももの内側を
意識してお尻を
上げていく

## 3 おなかに力は入れずにヒップアップ

おなかに力は入れずに、骨盤を丸めて股関節をみぞおちに近づけるように、お尻を上げていく。このとき、裏ももの、とくにお尻寄りと内側を意識してヒップアップする。

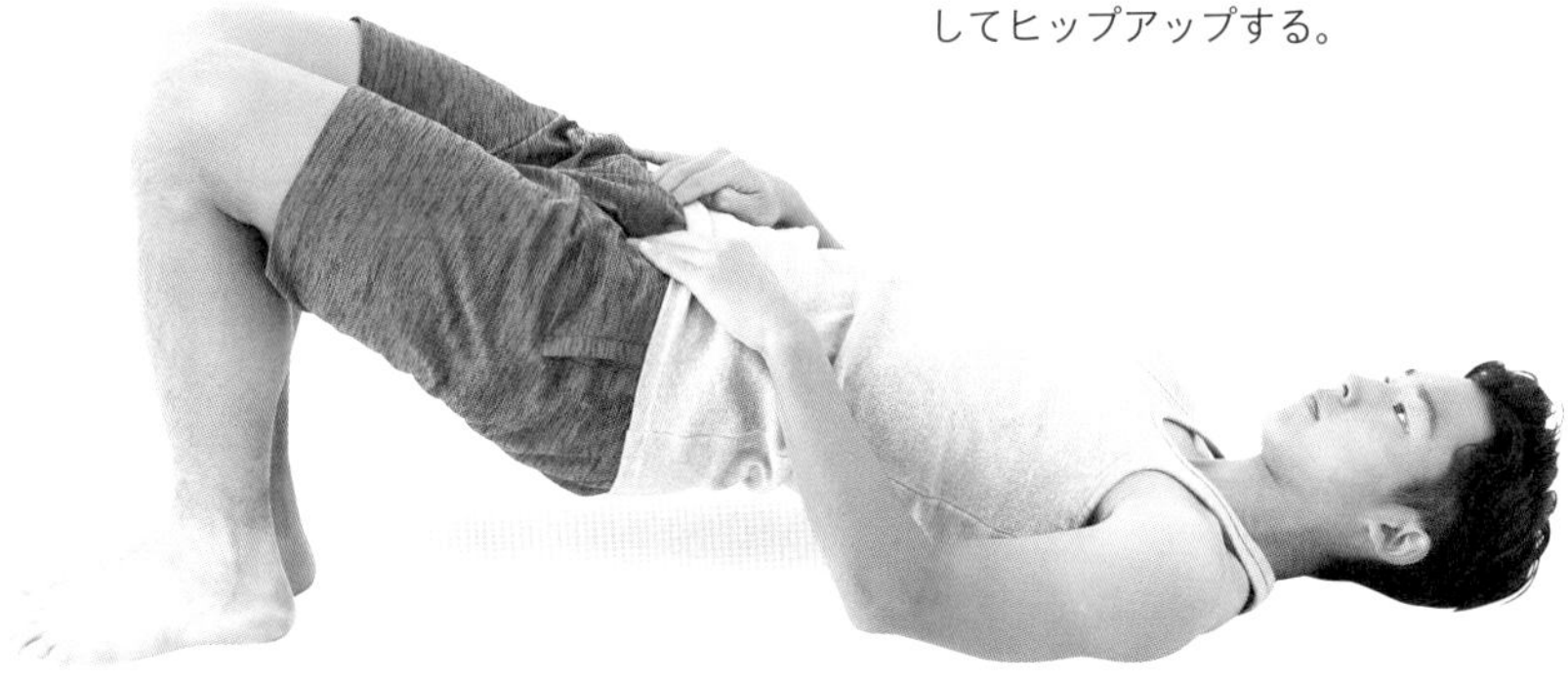

10回 行う

## 4 おなかに力は入れずにお尻を床に戻す

お尻をゆっくりと下ろす。このときも、おなかに力は入れずに、みぞおちに向かって股関節を近づけるようにして、ゆっくりとお尻を床につけていく。3と4を10回繰り返す。

プログラム③
確認する
7

# 四つん這いで、腕を締めてわきから押し込む

プログラム③のラストは、四つん這いの姿勢を行います。二の腕を締めてわきから押し込んでいるか、確認していきましょう。

## 1 両ひじを曲げてわきを締める

ひざ立ちになり、両ひじを曲げる。このとき、みぞおちを軽く丸めた状態で、わきを閉じて、肩をぐっと下げる。

## 2 両手を開いて閉じる、を3回繰り返す

わきを締めた感覚を保ったまま、両手を開いて閉じる、を3回繰り返す。注意点は背中を寄せないこと。みぞおちを丸めたまま、開いたり閉じたりして、二の腕でわきを締めていく。

**後ろから見ると**

手を開いたとき、背中を寄せないようにする

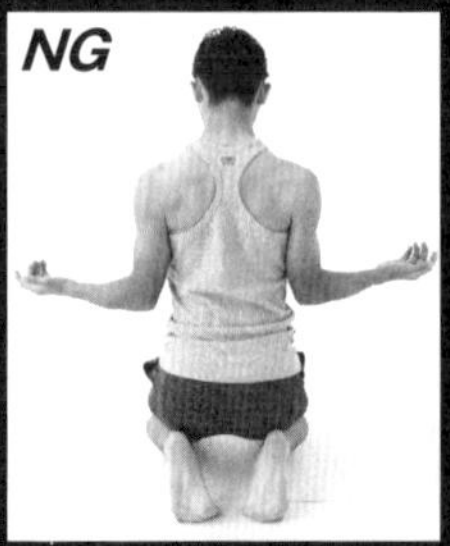


動画でチェック

## 3 両手を前に伸ばして手をハの字にする

わきを締めるという感覚がわかったら、両手を前に伸ばす。左右の手を近づけてハの字にし、手を甲側に曲げた状態にする。

## 4 股関節を曲げて床に両手をつく

両手、肩はそのまま、股関節を曲げて、四つん這いになる。手のひらの下にうずらの卵があると思って少しだけ手のひらを丸め込み、小指側に体重をかける。

◀◀◀ 次のページへ続く

## 5 二の腕を締めて、わきから押し込む

両ひざを近づける。手首の上にわきがあり、股関節の下にひざがあるように、姿勢を調整する。わきにしっかり体重を乗せ、わきで支えながら、鎖骨の間をみぞおちに近づけるように頭を垂らす。腕を伸ばし、二の腕を締めて、わきから押し込むようなイメージで行う。

ここで確認したいこと

# 二の腕を締めてわきから押し込んでいるか？

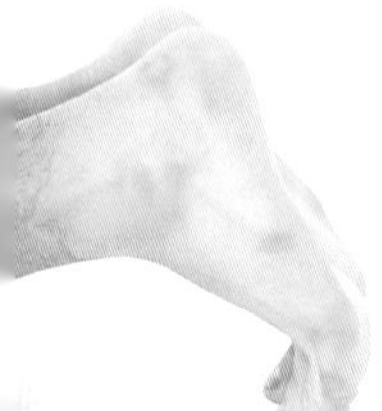

プログラム③では、二の腕を締めて、わきから押し込むことができているか、太ももやすね、ふくらはぎの力が抜けているかということが確認ポイントです。練習を重ね、わきから押し込めるようになれば、肋骨から肩甲骨が離れた状態になります。手、ひじ、肩などの位置や動きをひとつひとつチェックして、正しくカラダが使えているか、二の腕を締めてわきから押し込んでいるか、確認していきましょう。大きな姿見があれば、自分の背中を見てみてください。肩甲骨が浮いているように見えませんか？浮いているように見えたら、それは、肩甲骨が開けるようになったということです。

## 肩

- □ わきの真下に手がきているか？
- □ 肩をすくませて、肩甲骨を寄せていないか？

## 体幹

- □ 腹筋や背筋の力が抜けているか？

## 頭

- □ 鎖骨の間をみぞおちに近づけるように頭を倒せているか？

## 股関節

- □ 股関節の下にひざがきているか？

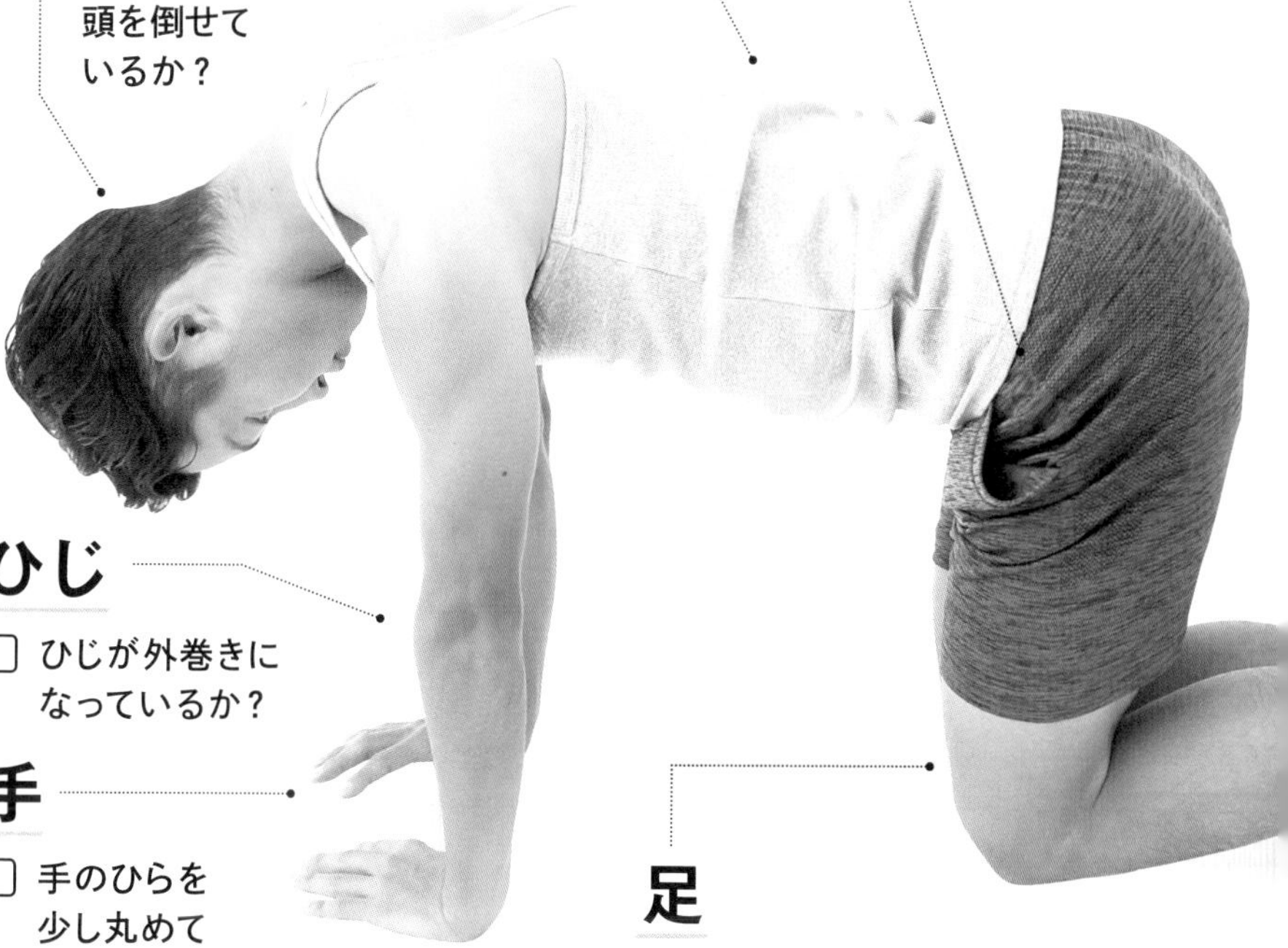

## ひじ

- □ ひじが外巻きになっているか？

## 手

- □ 手のひらを少し丸めて小指側に体重がかかっているか？

## 足

- □ 太ももやすね、ふくらはぎの力が抜けているか？

Column 1

# 肩甲骨の使い方ひとつで筋トレのパフォーマンスも変わる

私の身長は169㎝なのですが、高校生の頃は体重が52kgしかありませんでした。細いカラダを改善するべく筋トレを開始。約5年で体重を68kgに増量。ガタイがよくなり、うれしかったのですが、気になることがひとつ。それは、ウエイトトレーニング種目のひとつ、デッドリフトをするとき、100kgのバーベルが握力がもたず、素手でやることができなかったのです。

月日が経ち、今から約4年前の29歳のとき。覚えたカラダの使い方を利用しながらの筋トレを再開しました。もちろんデッドリフトも。そして、はじめてから約3か月、デッドリフト100kgを素手で持てるようになったのです。

持てた要因はいくつか考えられますが、その中のひとつが、肩甲骨の使い方です。肩甲骨の、とくにわきには、前鋸筋から広背筋が集合しているため、わきを意識できると、これらの筋肉をまとめて使うことができるようになります。そして、広背筋と前鋸筋は、腕や体幹部とつながっているので、バーベルを握ったときにわきを使うことができると、腕と体幹をつないで使うことができるようになるのです。ひとつひとつの筋肉が弱くても、まとまれば、強い力を発揮できるようになります。これがデッドリフトで100kgを持つことができた最大の理由だと思います。

このように肩甲骨の使い方ひとつで、筋トレのパフォーマンスも変わるということです。

Chapter 3

# 前鋸筋の機能を高めていくトレーニング

# わきを効かせる感覚をカラダに染み込ませて日常やスポーツにも使えるようにする

ここまでのトレーニングでは、肩甲骨が開けるようになること、つまり、肩甲骨からわき腹につながる前鋸筋が働くようになることを目指してきたわけですが、そこが終わりではありません。**腕を上げた瞬間や肩甲骨を寄せた瞬間に、わきが効かなくなってしまうようでは、ぜんぜん使いものにならない**からです。

肩甲骨を開いてわきを効かせることができるようになったら、その感覚を保ったまま腕の上げ下げをしたり、腕立て伏せをしたりと、わきを使う感覚を消さないように、さまざまなパターンで動かしていき、日常やスポーツにも使えるように、カラダに染み込ませる必要があります。そこまでして、ようやく「前鋸筋がきちんと機能している」といえます。

このChapter 3で行うのは、そんな、前鋸筋の機能を高めていくトレーニングです。四つん這いになって肩甲骨を開くことができるようになったら、その姿勢で少しずつカラダを動かしていきます。

92ページから紹介する3つのトレーニングでは、カラダの動かし方がだんだんとハードに

# 前鋸筋の機能を高めていくトレーニング

## トレーニング❶

▶▶▶ P92-97

3つのワークを行う。最初は軽めの負荷で、わきの意識を高めていく

◀

## トレーニング❷

▶▶▶ P98-103

3つのワークを行う。負荷を少し強くして、筋肉を連動させていく

◀

## トレーニング❸

▶▶▶ P104-109

難易度の高い3つのワークを行い、筋肉の連動を強化していく

なっていきます。

トレーニング❶は負荷が軽めで、わきを締める感覚を抜かないように注意しながら、カラダを動かしていきます。これができたら、トレーニング❷に進み、筋肉を連動させるような動きを行って、わきの感覚を強めていきます。

それもクリアしたら、トレーニング❸にトライしてみてください。トレーニング❸は、少し難易度が高い内容で、前鋸筋を使って腕立て伏せをしたりします。

このトレーニング❸ができるようになってくると、日常でも無意識のうちに、わきを効かせて動けるようになります。

ここまでできるように、自分のペースでコツコツと練習を積んでください。

前鋸筋
トレーニング❶
1

# カラダを前後に動かす

肩甲骨が開けるようになったら、少しずつカラダを動かしていきます。最初は、カラダを前後に動かします。

動画でチェック

## 1 四つん這いになり 肩甲骨を開く

ひざ立ちになり、わきを締めてから両手を前に伸ばす。股関節を曲げて四つん這いになり、わきで支えながら頭を倒し、腕を伸ばし、わきを締めて、肩甲骨を開く。

## 2 わきを締めたまま カラダを前後に動かす

わきを締めたまま、お尻を引いてカラダを後ろに動かす。続いて、わきを締めたまま、カラダを前に動かす。これを10回行う。

10回 行う

**Point**
前後に動かしても、わきを締める感覚は抜かないようにする

前鋸筋
トレーニング❶
2

# カラダを左右に動かす

四つん這いの姿勢になり、カラダを左右に動かします。
移動した側のわきに乗るイメージで行いましょう。

## 1 四つん這いになり肩甲骨を開く

ひざ立ちになり、わきを締めてから両手を前に伸ばす。股関節を曲げて四つん這いになり、わきで支えながら頭を倒し、腕を伸ばし、わきを締めて、肩甲骨を開く。

動画でチェック

# 2

## わきを締めたまま カラダを左右に動かす

わきを締めたまま、カラダを左に動かして、左わきに乗る。続いて右に動かして、右わきに乗る。これを10回行う。

**10回 行う**

**Point**

カラダを左右に動かすときは、移動した側のわきに乗るイメージで行う

前鋸筋
トレーニング❶
3

# カラダを前後に大きく動かす

四つん這いの姿勢になり、わきを締める感覚は抜かないようにしたまま、カラダを前後に大きく動かしていきます。

動画でチェック

## 1 四つん這いになり肩甲骨を開く

ひざ立ちになり、わきを締めてから両手を前に伸ばす。股関節を曲げて四つん這いになり、わきで支えながら頭を倒し、腕を伸ばし、わきを締めて、肩甲骨を開く。

**Point**
お尻を引くとわきは開くため力が抜けやすくなるが、力を抜かないように、わきを意識したまま、この体勢をとっていく

## 2
## わきを締めたまま前後に大きく動かす

わきを締める感覚を保ったまま、お尻を少しずつ後ろに引いていく。続いて、わきを締めたまま、カラダを少しずつ前に動かして、おなかを伸ばす体勢になる。これを10回行う。

**10回行う**

前鋸筋
トレーニング❷
1

# 背骨を上下に動かす

肩甲骨を開いた状態で背骨を丸めたり反ったりして、どの角度、どの動きでもわきが効くように練習します。

## 1 四つん這いになり肩甲骨を開く

ひざ立ちになり、わきを締めてから両手を前に伸ばす。股関節を曲げて四つん這いになり、わきで支えながら頭を倒し、腕を伸ばし、わきを締めて、肩甲骨を開く。

動画でチェック

# 2

## わきを締めたまま 背骨を上下に動かす

わきを締めたまま、背中を丸めていく。続いて、わきを締めたまま、背骨を下げていって、背中を反らせる。これを10回行う。

**10回 行う**

**Point**

上下に動かしても、わきを締める感覚は抜かないようにする

前鋸筋
トレーニング❷
2

# 背骨を左右に動かす

肩甲骨を開いた状態で、今度は背骨を左右に動かします。どの角度、どの動きでもわきは締めたまま練習していきましょう。

動画でチェック

1
**四つん這いになり肩甲骨を開く**

ひざ立ちになり、わきを締めてから両手を前に伸ばす。股関節を曲げて四つん這いになり、わきで支えながら頭を垂らし、腕を伸ばし、わきを締めて、肩甲骨を開く。

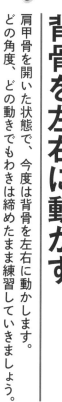

# 2

## わきを締めたまま
## 背骨を左右に動かす

わきを締めたまま、背骨を右に動かす。続いて、わきを締めたまま、左に動かす。これを10回行う。

10回
行う

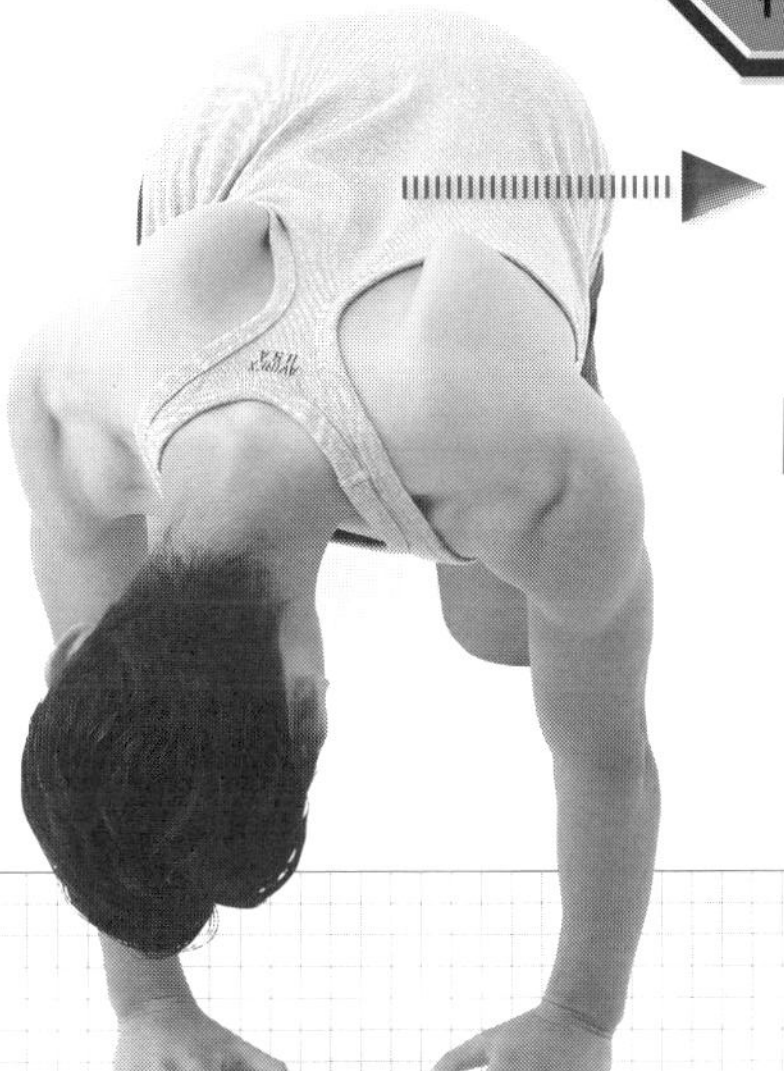

**Point**

背骨を左右に動かすときは、わきには乗らず、体側をくの字に縮めるイメージで行う

前鋸筋トレーニング❷

3

# 背骨を上下左右になめらかに動かす

背骨を上下に動かす、背骨を左右に動かす、という動きを連続して行います。なめらかに動かして、わきの感覚を強めていってください。

## 1

### 四つん這いになり肩甲骨を開く

ひざ立ちになり、わきを締めてから両手を前に伸ばす。股関節を曲げて四つん這いになり、わきで支えながら頭を倒し、腕を伸ばし、わきを締めて、肩甲骨を開く。

## 2

### わきを締めたまま背骨を上下に動かす

わきを締めたまま、背中を丸めていく。続いて、わきを締めたまま、背骨を下げていって、背中を反らせる。

動画でチェック

## 3 わきを締めたまま 背骨を左右に動かす

わきを締めたまま、背骨を右に動かす。
続いて、わきを締めたまま、左に動かす。
**2**と**3**を10回行う。

**10回 行う**

前鋸筋
トレーニング❸
1

# プランク姿勢でわきを締めてキープ

わきの感覚を強めていくことに慣れてきたら、肩甲骨を開いた状態で筋トレをしていき、さらに筋肉の連動を強化していきます。

## 1 四つん這いになり肩甲骨を開く

ひざ立ちになり、わきを締めてから両手を前に伸ばす。股関節を曲げて四つん這いになり、わきで支えながら頭を倒し、腕を伸ばし、わきを締めて、肩甲骨を開く。

## 2 ひざの位置を下げてつま先を立てる

肩甲骨を開いたらわきを締めたまま、ひざの位置を下げて、つま先を立てる。

動画でチェック

## 3 わきを締めたまま プランク姿勢をとる

わきを締めた状態を保ちながら、両ひざを床から浮かせて伸ばす。この姿勢を10秒キープする。

**この姿勢で10秒**

**Point**

肩の真下に手首がくるようにして、わきを締める感覚は抜かないようにする

前鋸筋
トレーニング③

2

# 片手片足でわきを締めてキープ

四つん這いのまま片手片足になります。
手をピストルポーズにして行うことで、筋肉の連動がより強化できます。

## 1 四つん這いになり肩甲骨を開く

ひざ立ちになり、わきを締めてから両手を前に伸ばす。股関節を曲げて四つん這いになり、わきで支えながら頭を倒し、腕を伸ばし、わきを締めて、肩甲骨を開く。

動画でチェック

## 2 ピストルポーズをとって片手片足を上げる

左足を後ろに伸ばす。右手は、小指、薬指、中指の 3 指を握ってピストルポーズをとり、わきを締めたまま、前方に伸ばす。この姿勢を10秒キープする。

Point
片手になっても、肩が上がらないように注意する

# わきを締めて腕立て伏せをする

わきを意識した腕立て伏せは、難易度が高め。練習を重ねて前鋸筋の機能をさらに高めていきましょう。

## 1 四つん這いになり肩甲骨を開く

ひざ立ちになり、わきを締めてから両手を前に伸ばす。股関節を曲げて四つん這いになり、わきで支えながら頭を倒し、腕を伸ばし、わきを締めて、肩甲骨を開く。

## 2 ひざの位置を下げてつま先を立てる

肩甲骨を開いたら、わきを締めたまま、ひざの位置を下げて、つま先を立てる。

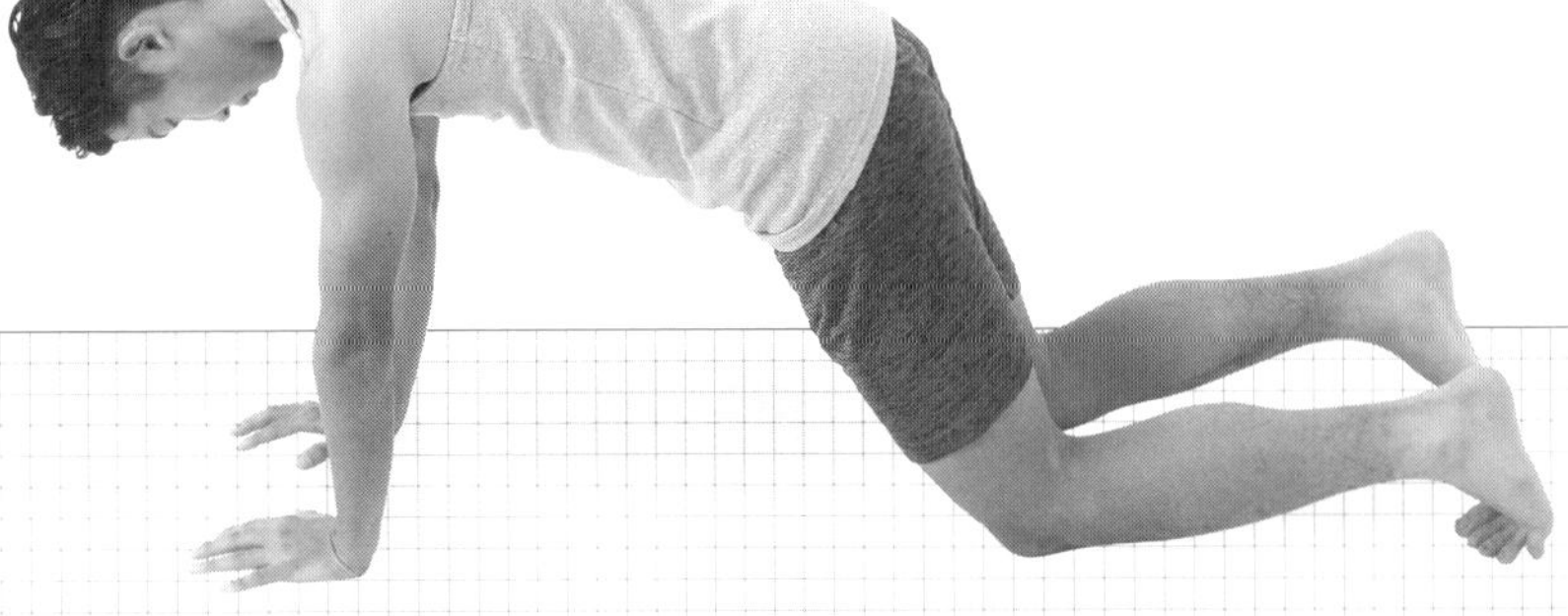

動画でチェック

## 3 わきを締めたまま腕立て伏せをする

わきを締めた状態を保ちながら、両ひざを床から浮かせて伸ばす。その姿勢から、腕立て伏せを10回行う。

**Point**
腕を曲げたときも、伸ばしたときも、わきを締める感覚は抜かないようにする

10回 行う

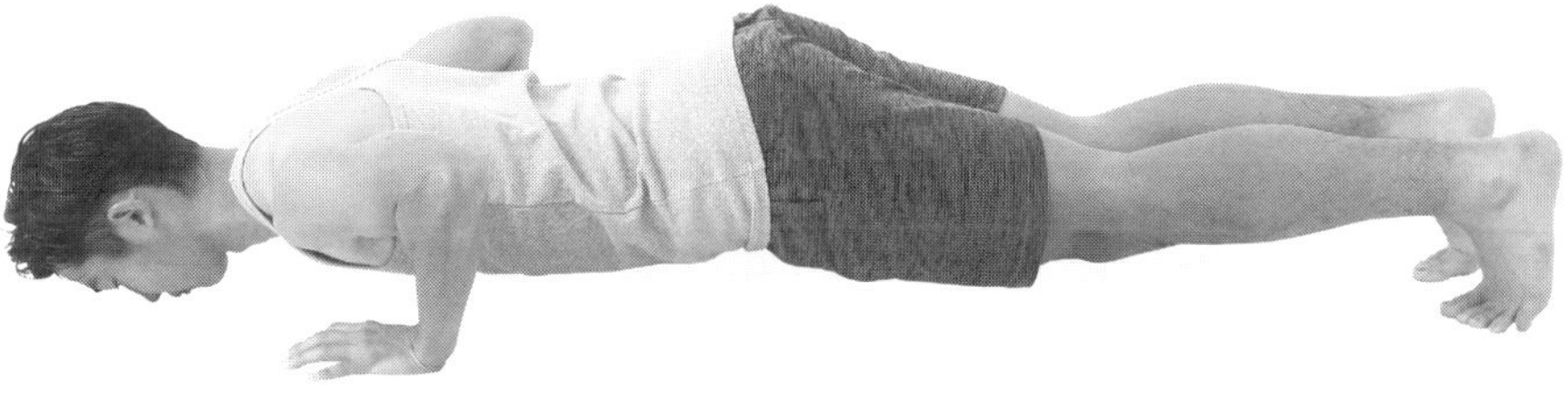

Column 2

# インナーマッスルの機能を高めて2種類の筋肉のバランスをとる方法

ケガなく、しなやかに、効率よくカラダを動かすにはアウターマッスルとインナーマッスルのバランスが重要です。通常は、2種類の筋肉は協調して働きます。

たとえば、10kgのお米。中腰になって両手で持つときは、腕や肩、腰を守るため大腰筋など全身のインナーマッスルが働いて、関節を痛めないように安定させます。そして、全身のアウターマッスルを働かせることで強い力を発揮して10kgのお米が持てるわけです。

ですが、この2種類の筋肉のバランスが悪くなっている人が多くいます。アウターマッスルが優位に働いて、インナーマッスルの働きが落ちている人です。この状態になっている人は、インナーマッスルが、関節を安定させてなめらかな動きをつくることができないため、代わりにアウターマッスルがその仕事を補わなければなりません。こんな状態が続いたら、アウターマッスルは疲労してガチガチに固まってしまいます。その状態で10kgのお米を持ったとしたら、カラダを痛める可能性はかなり高くなります。

このようにカラダを痛めないようにするには、インナーマッスルとアウターマッスルが常にニュートラルな関係でなければなりません。本書で紹介しているクロスポイントワークをやることで、双方のバランスがよくなり、カラダを痛めるリスクを下げることができます。

# Chapter 4

# わきの効果を最大化させる目的別メニュー

目的別メニュー 1

# 肩こりを予防・改善したい

「わきを締める」という感覚がわかったら、そのわきにある前鋸筋を上手に使って、ケガの予防や日常の悩みを改善していきましょう。まずは、こりや四十肩などの肩の痛みに悩まされている人におすすめのワークを紹介します。

動画でチェック

## 1 手のひらをわきの下に当てる

足を腰幅に開いて立ち、右手のひらを左のわきの下に当てる。

## 2 わきの下が摩擦で温かくなるまでさする

手のひらを素早く上下に動かして、わきの下が摩擦で温かくなるまで、10～20回さする。

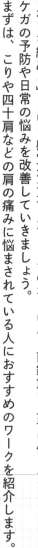

# 3

## クロスポイントを触りながら腕を前後に回す

右手の中指を、左わきのクロスポイントの位置に当てる。背中側の腕の付け根あたりを触りながら、左腕を前に５回、続けて後ろに５回、回す。

# 腰痛を予防・改善したい

わき腹にある外・内腹斜筋は腰の筋膜とつながっているため、わき腹を伸ばしてゆるめることで、腰もゆるみます。手をピストルポーズにすると肩が安定し、わきが締まるため、カラダをよりしっかりひねることができます。

## 1

**イスに座って足を組む**

背もたれのあるイスに座り、左足を右ひざに乗せて足を組む。

## 2

**左手はイスの背もたれを持ち 右手はピストルポーズをとる**

左手はイスの背もたれのところを持つ。右手は、小指、薬指、中指の３指を握って、ピストルポーズをとる。

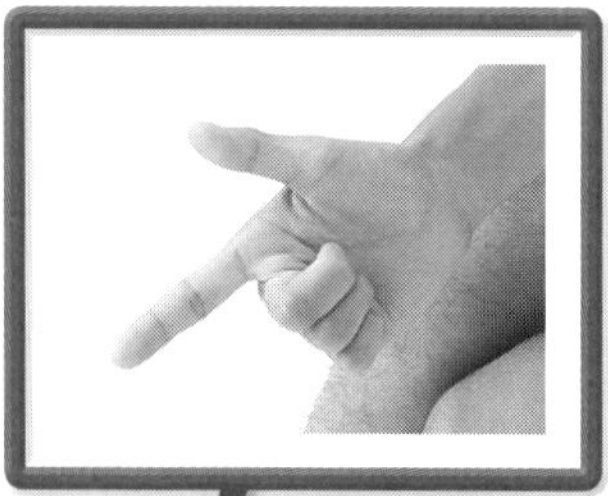

動画でチェック

## 3 カラダをひねって右わき腹を伸ばす

ピストルポーズをとった右手で左ひざを押し、カラダをひねって、左わき腹を伸ばす。そのまま深呼吸を3回する。

深呼吸 3回

左右

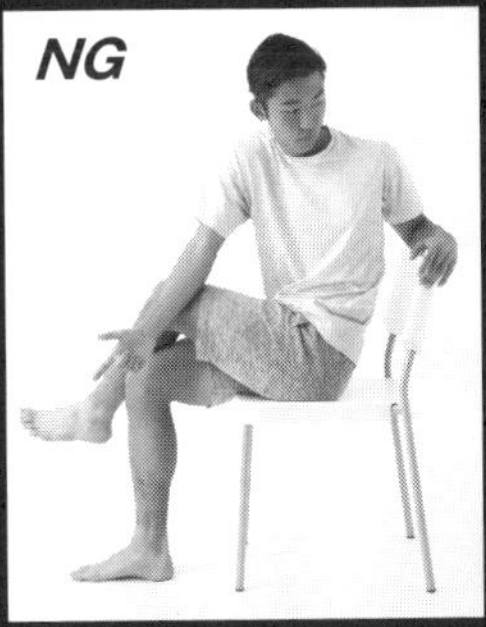


カラダをひねるとき、肩をすくませない

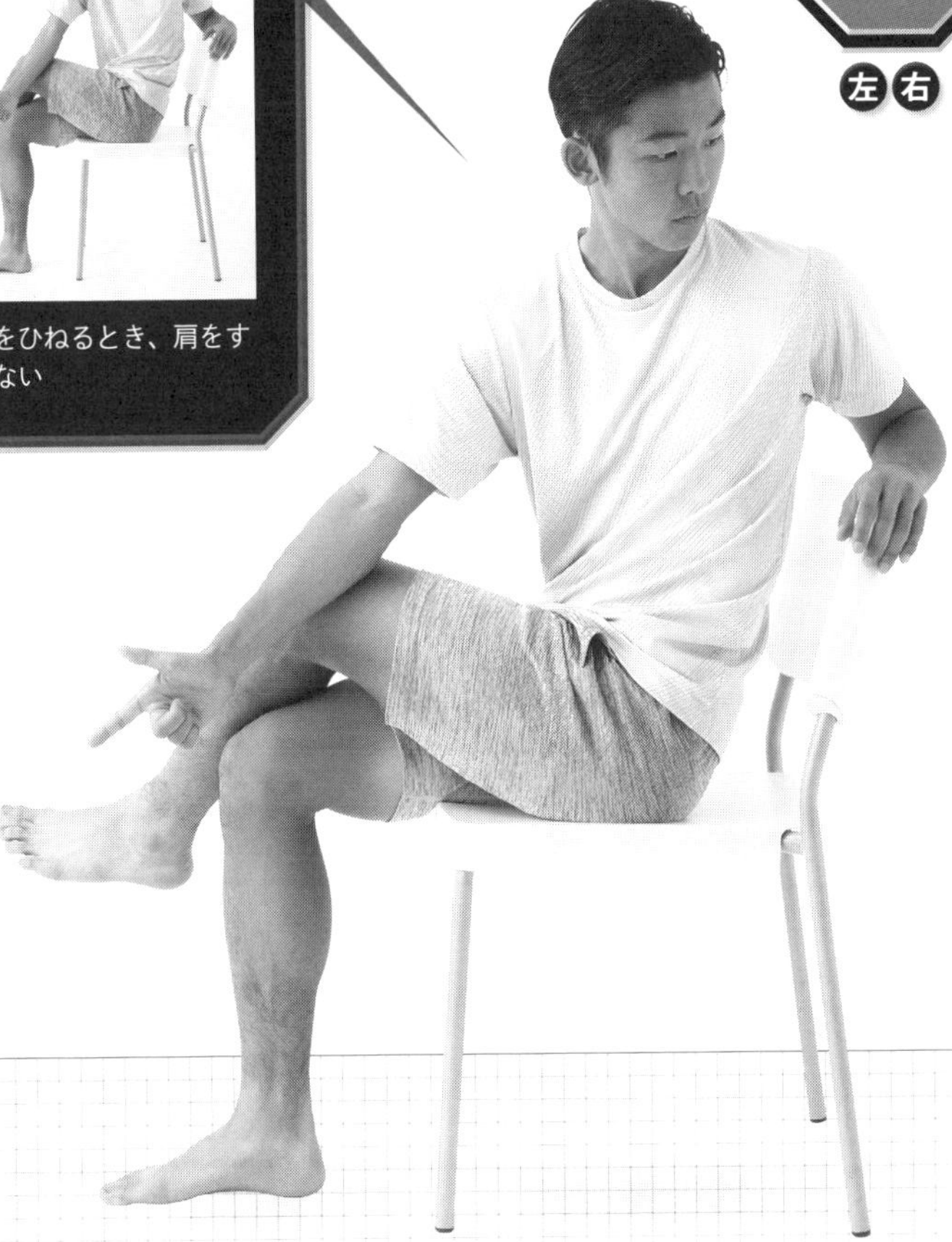

目的別メニュー
3

# 猫背を改善したい

胸を伸ばすと、猫背や肩こり、腰とつながりのあるわき腹も伸びるため、反り腰や腰痛に効きます。胸を開いた状態で肋骨を膨らますように深呼吸をすると胸とわき腹がゆるむので、力まないようリラックスしながら行いましょう。

## 1 仰向けになり両ひざを立てる

## 2 ピストルポーズをとって右ひざを押さえる

両ひざを左側に倒し、右ひざをわきのほうへ引き寄せ、左ひじで右ひざを押さえる。このとき、左手は、小指、薬指、中指の3指を握って、ピストルポーズをとる。

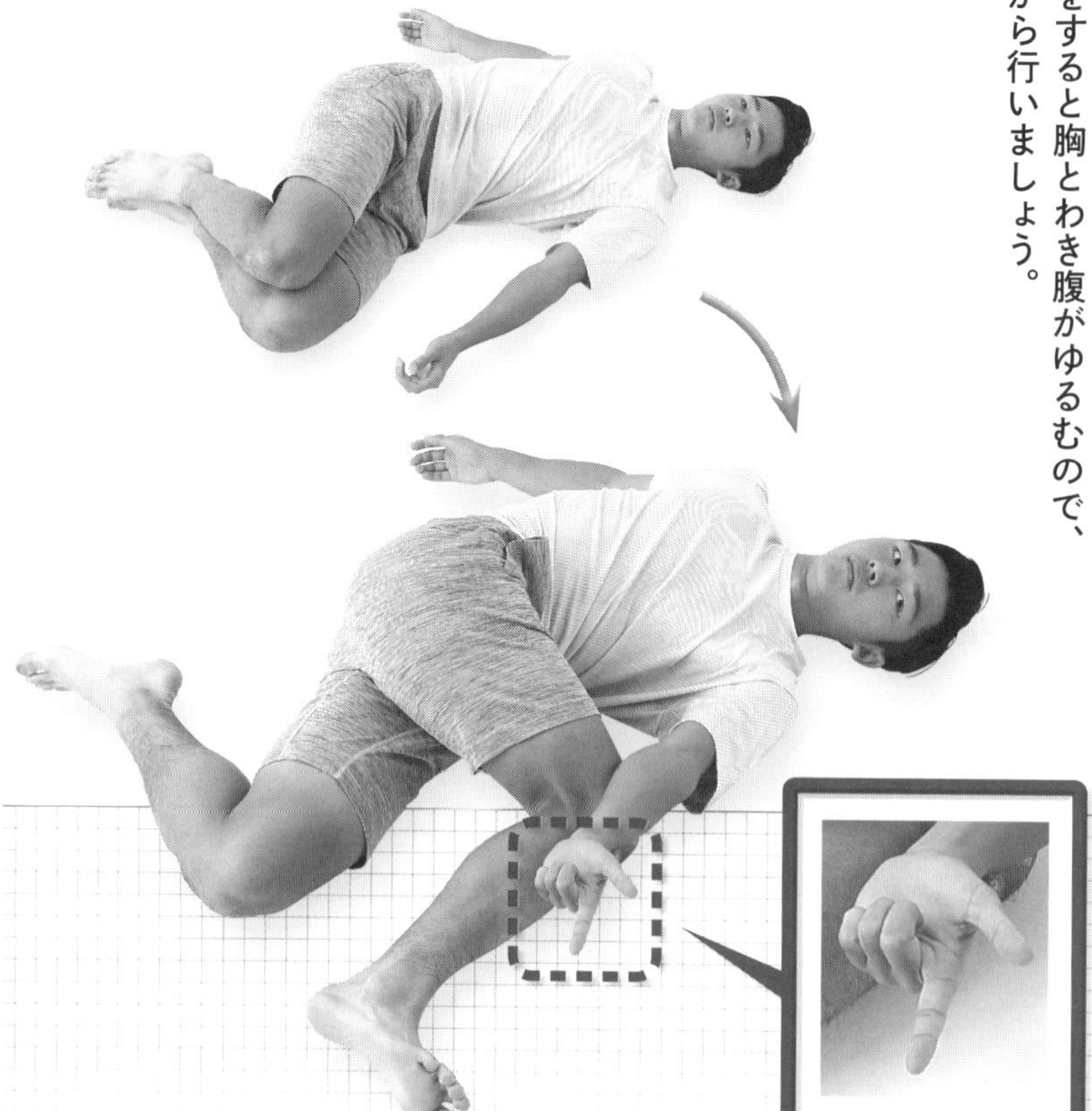

動画でチェック

## 3 胸を開くようにして腕を床に伸ばす

右手を左手に近づけたあと、胸を開くようにして右側に戻し、床に伸ばす。そのまま深呼吸を10回する。

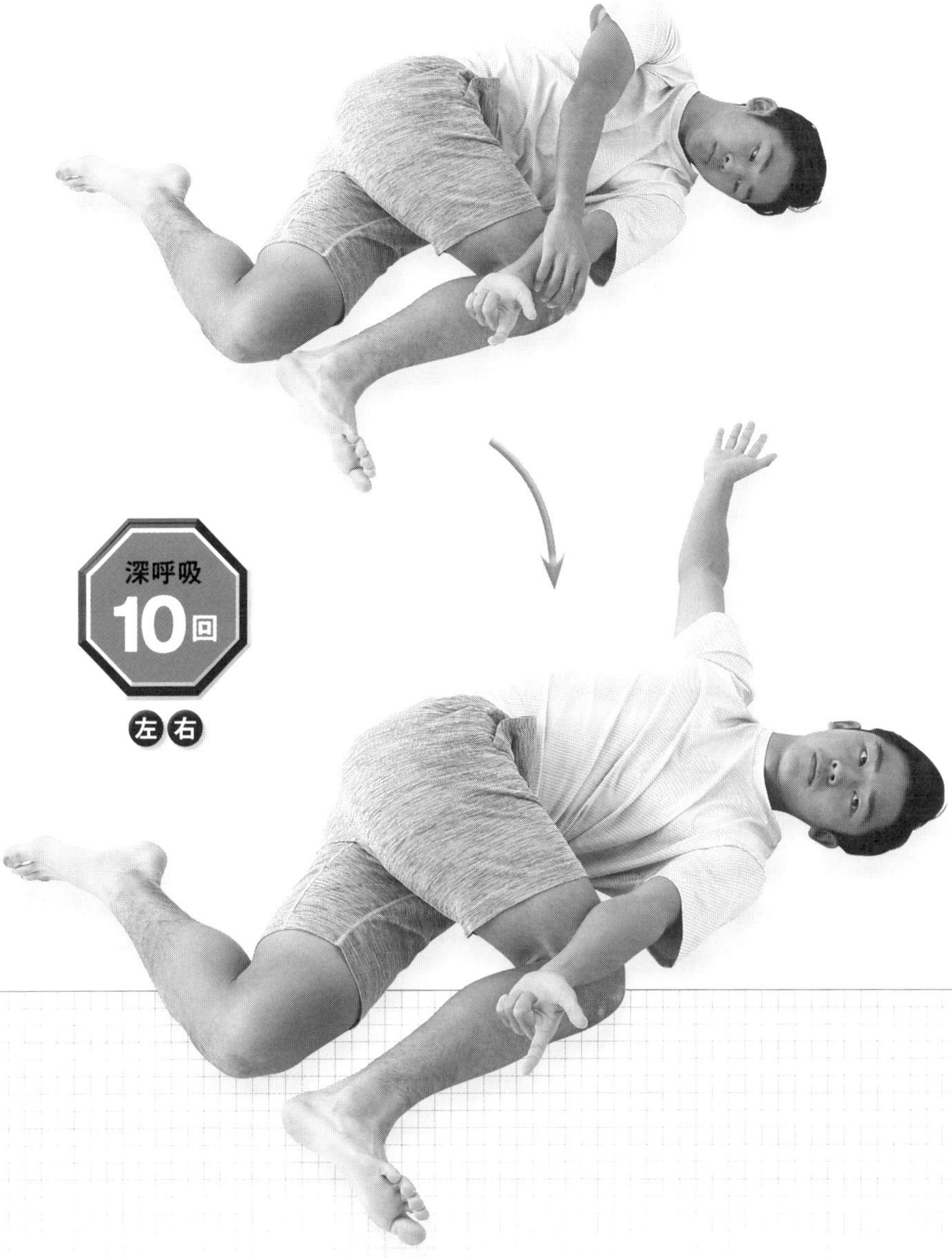

深呼吸 10回

左 右

目的別メニュー 4

# 反り腰を改善したい

反り腰の人は、大腿四頭筋、腹直筋、脊柱起立筋などのアウターマッスルが固まってしまっています。お尻のクロスポイントに刺激を入れて、おなか、背中、股関節の筋肉をほぐしていきましょう。

動画でチェック

## 1 ひざ立ちになり右ひざを立てる

壁に右手をついて、ひざ立ちになる。右足を前に出して、ひざを立てる。

## 2 左手の指先でお尻のクロスポイントを触る

左手の指先で、裏ももの付け根（座骨）にあるお尻のクロスポイントを触る。

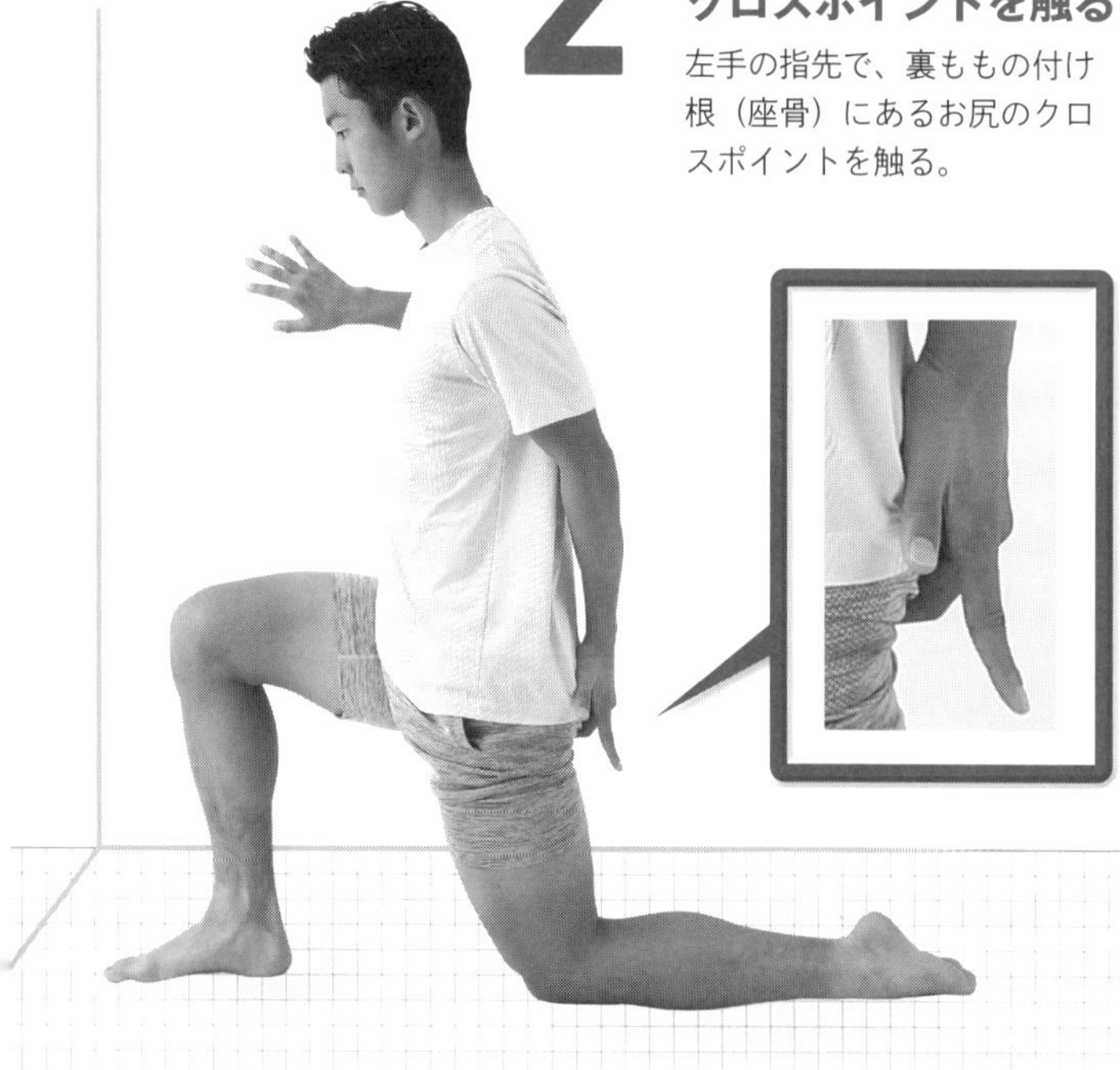

## 3 右足に体重をかけて胸を伸ばす

右足に体重をかけて、胸を伸ばす。
そのまま3回深呼吸をする。

深呼吸 3回
左右

**Point**
前に体重を移動するとき、胸を張るようにして胸を伸ばす

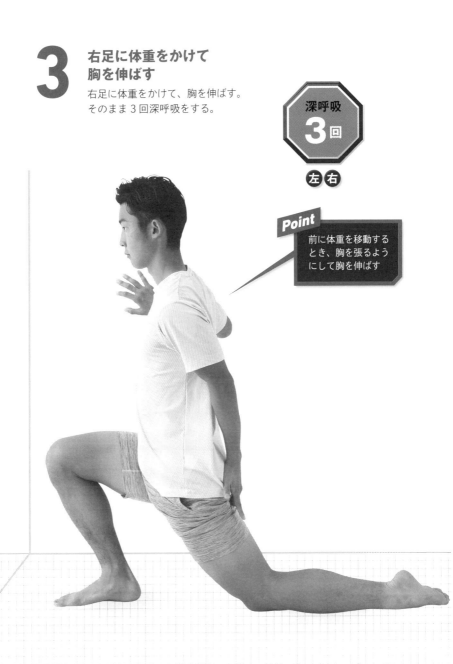

目的別
メニュー
5

# 下腹をへこませたい

下腹をへこませたい。ウエストを細くしたい。
そんな人は、わきを締めながら股関節を触って、レッグリフトをしましょう。
股関節を動かす筋肉は、おなかのインナーマッスルですので、
ここを使いながら下腹部を鍛えれば、おなかを引き締めることができます。

## 1 両手の指先で股関節のクロスポイントを触る

仰向けになり、両ひざを立てる。両手の指先で、足の付け根、恥骨の横にある股関節のクロスポイントを触り、肩を下げてわきを締める。

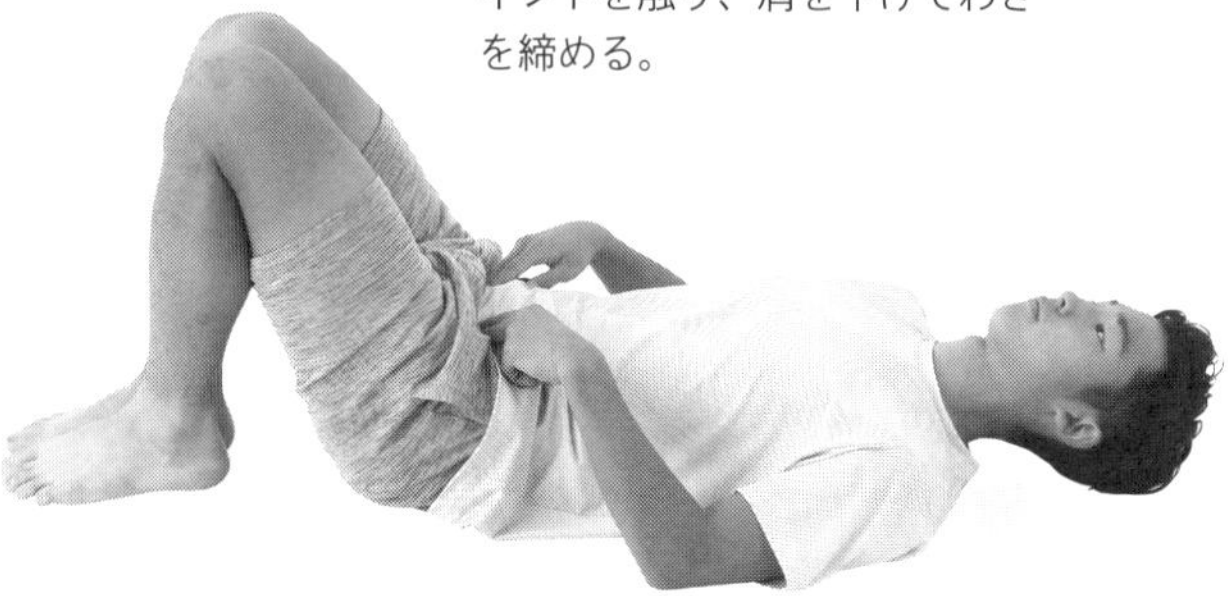

## 2 腰を丸めてから両足を上げる

腰を丸めてから、股関節にある指を挟むように、両足を上げる。

動画でチェック

**Point**
動作中は、腰が反らないように注意する

## 3
### 左右交互に足を下げてもとの位置に戻す

腰が反らないにように注意しながら、右足を下げる。右足を戻し、今度は左足を下げて、戻す。これを、5回行う。

**5回行う**

目的別メニュー 6

# 背中の肉をすっきりさせたい

このワークは、手でピストルポーズをとって、腕の小指側の筋肉を使うのがポイント。小指側の筋肉は、背中、反対側のお尻とつながっているため、手をピストルポーズにして行うことで、効率よく鍛えることができます。背中はもちろん、ヒップアップ効果も期待できます。

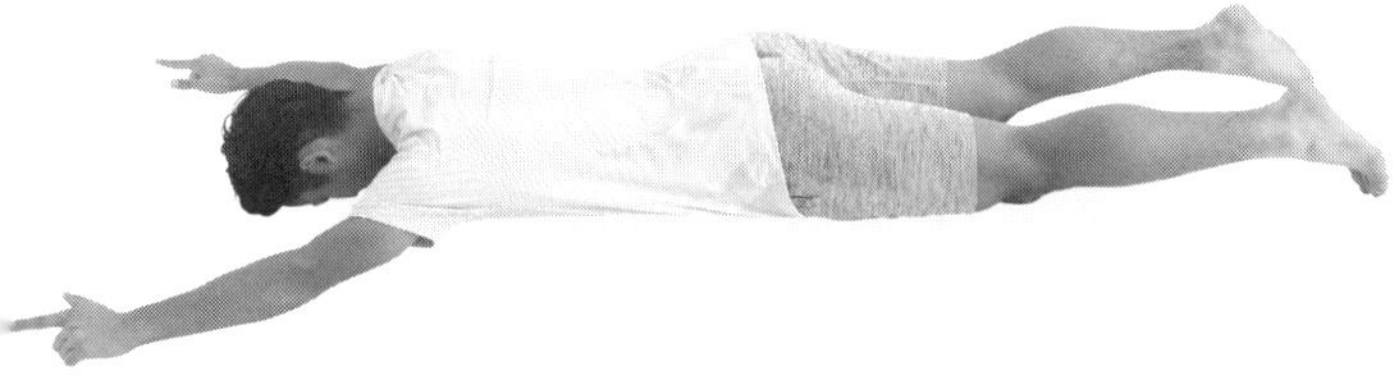

## 1 うつ伏せになって両手でピストルポーズをとる

うつ伏せになり、両腕を頭上に伸ばす。このとき、両手は、小指、薬指、中指の3指を握って、ピストルポーズをとる。

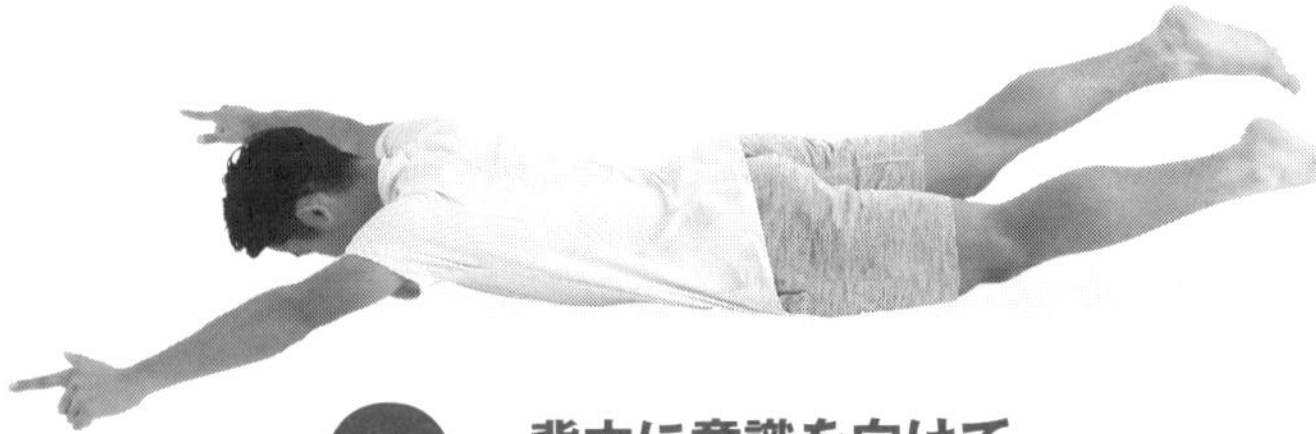

## 2 背中に意識を向けて両足と両腕を上げる

背中に意識を向けて、両足と両腕を、足はももの付け根あたり、腕は胸の下あたりが床から離れるように上げる。

動画でチェック

## 3 両ひじを引いてわきに近づける

足はそのまま、両ひじを引いて、わきに近づける。両腕を伸ばして**2**の姿勢に戻る。これを10回行う。

**10回行う**

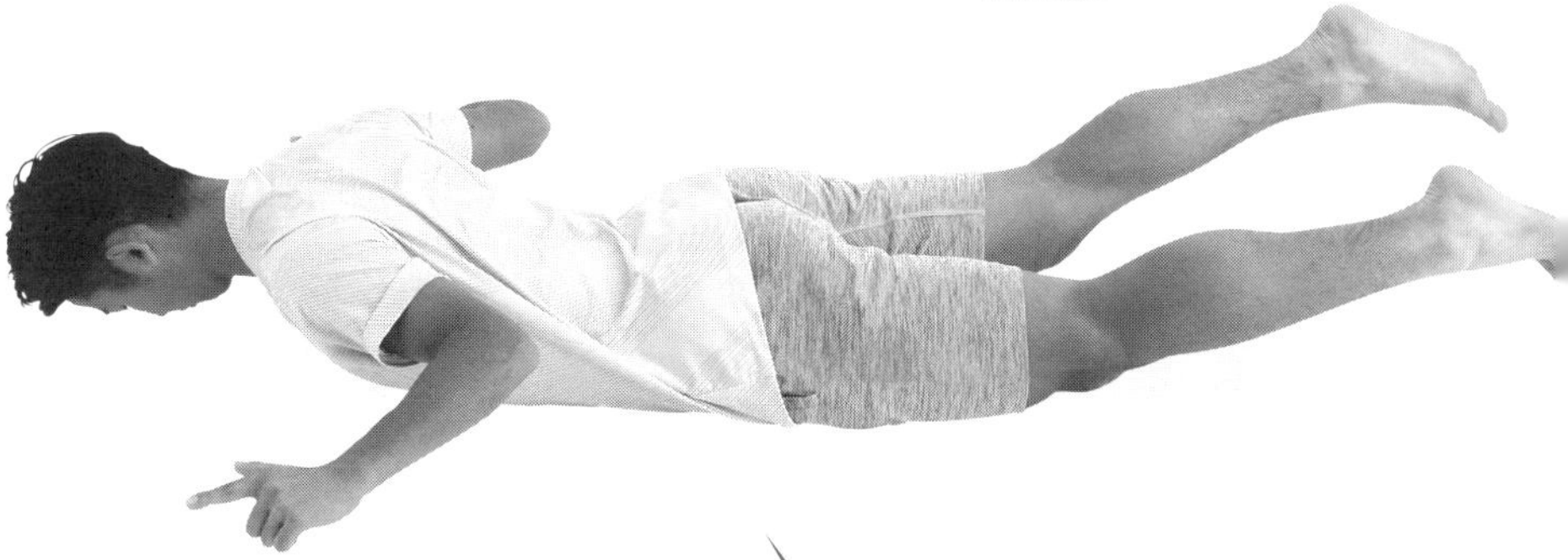

**Point**

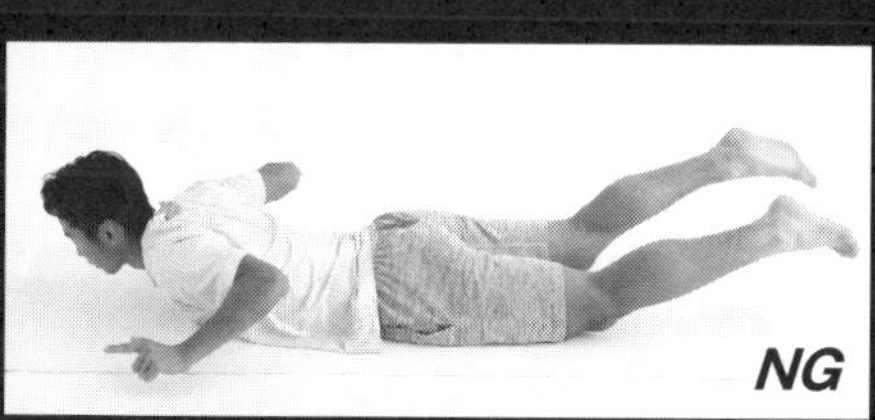


両ひじを引いたとき、肩をすくませない

目的別メニュー 7

# 股関節をやわらかくしたい

このワークは、手を床につけるときに、腕を外旋させてわきを絞るのがポイント。わきの前鋸筋は、横隔膜と関係が深く、横隔膜は股関節の動きをスムーズにする大腰筋とつながりがあります。そのため、わきを絞ると、もう一段階、カラダを前に倒すことができます。

## 1 右足を一歩前に出して立つ

左手の指先で、へそから指４本上にあるみぞおちのクロスポイントを触り、右手の指先で、足の付け根、恥骨の横にある股関節のクロスポイントを触る。

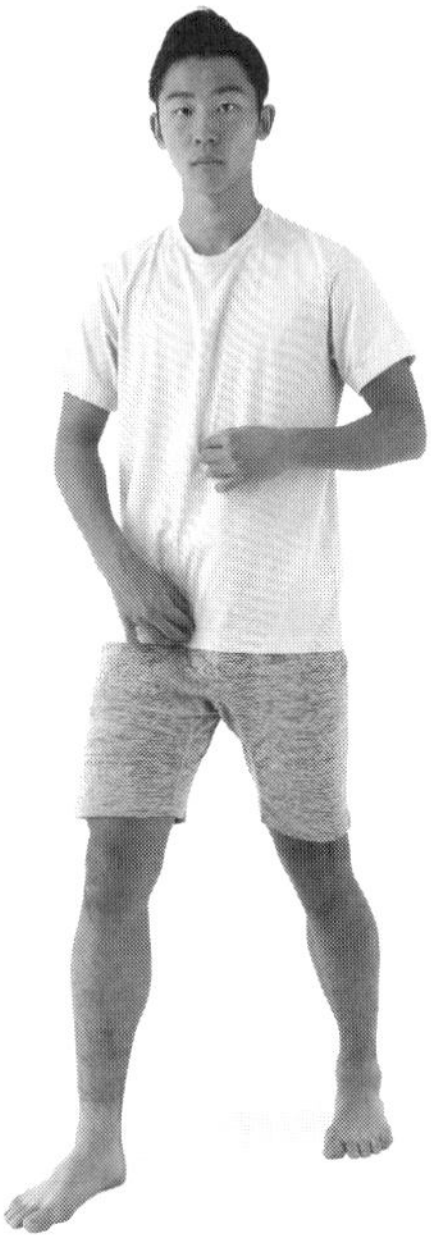

## 2 股関節を引いてカラダを前に向ける

## 3 みぞおちを丸めてカラダを前に倒す

みぞおちを丸め、股関節を曲げて、カラダを前に倒す。

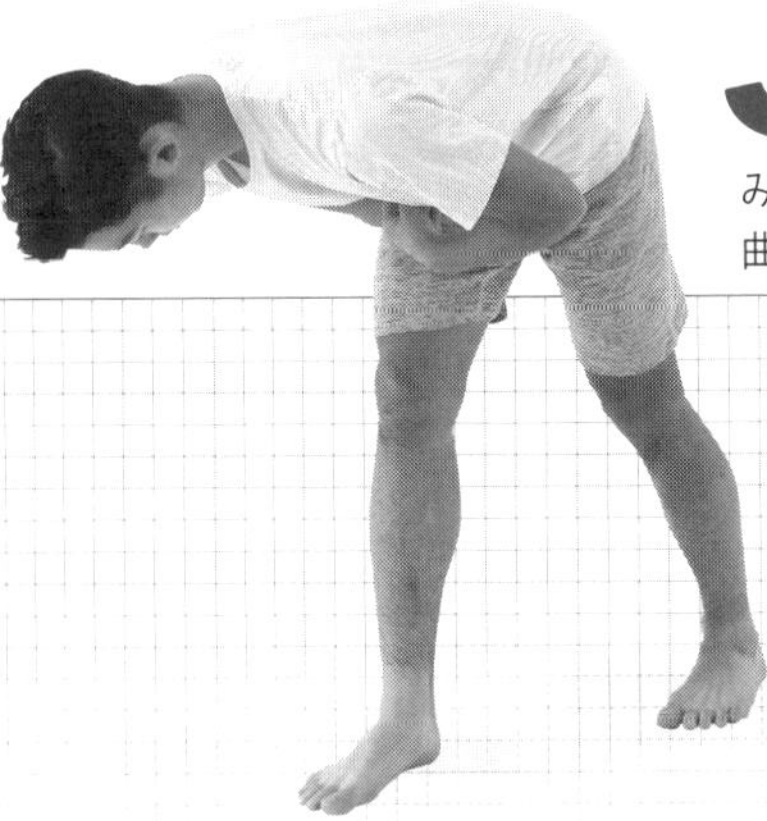

動画でチェック

# 4

## 両腕を外旋して さらにカラダを前に倒す

両腕を外にひねってわきを絞り、さらにカラダを前に倒す。指先を床につけて、みぞおちを膨らます呼吸を 3 回行う。**1**～**4** を、3回行う。

**3回 行う**

**左右**

目的別
メニュー
8

# かっこよく歩きたい

肩甲骨を左右両方とも寄せて腕を引くのではなく、片方寄せて、片方離すのがコツ。前鋸筋と大腰筋はつながっているので、わきから肩甲骨を前に押し出すと同時に、腕を前に振ることができると、足が勝手に前に出てきます。普段からこのワークで、実践しておきましょう。

## 1

### 右手の指先を鎖骨のポイントに当てる

両足を腰幅に開いて立ち、右手の指先を、鎖骨のポイントに当てる。

## 2

### 左ひじを曲げてピストルポーズをとる

左ひじを曲げて、肩を下げる。このとき、左手は、小指、薬指、中指の3指を握って、ピストルポーズをとる。

動画でチェック

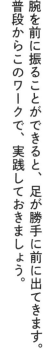

## 3 左腕を前に突き出し わきから後ろへ引く

わきを締めて左腕を前に突き出し、続けて、わきから後ろへ引く。これを、前鋸筋を使っている感覚がわかるまで、10～20回行う。

10回～20回行う

左 右

### 後ろから見ると

腕を引くとき、肩をすくませない

目的別メニュー 9

# ゴルフでもっと飛ばしたい

ゴルフ、野球やテニスなどで、手打ちや手投げになる。デスクワークで腕が疲れる。そんな人におすすめなのが、わきを絞って腕を振るワークです。わきが使えるようになると、肩関節が安定し、前鋸筋から体幹に力が連鎖して、強い力が発揮できます。

動画でチェック

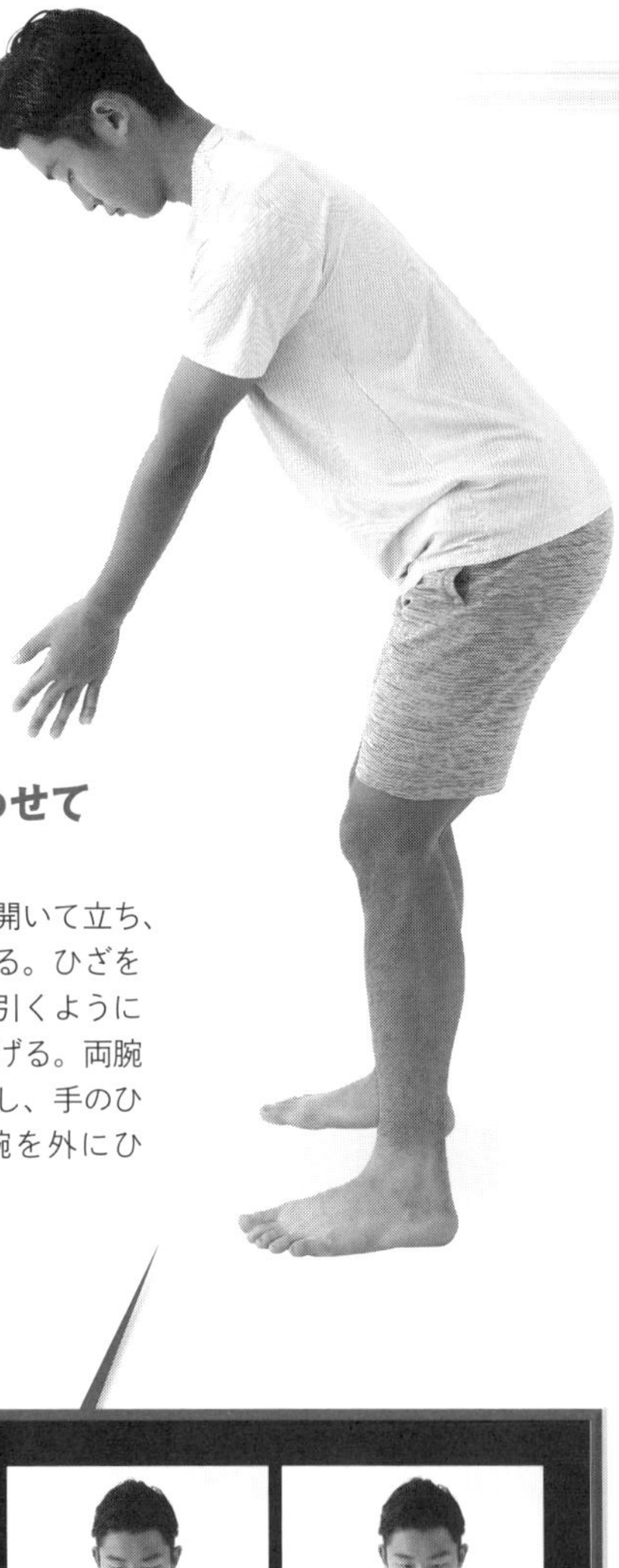

## 1

### 手のひらを合わせてわきを絞る

両足を腰幅より少し開いて立ち、小指側に体重をかける。ひざを軽くゆるめ、お尻を引くようにして股関節を少し曲げる。両腕をカラダの前に伸ばし、手のひらを合わせる。両腕を外にひねってわきを絞る。

**Point**

**前から見ると**

手のひらを合わせ、両ひじを外にひねる

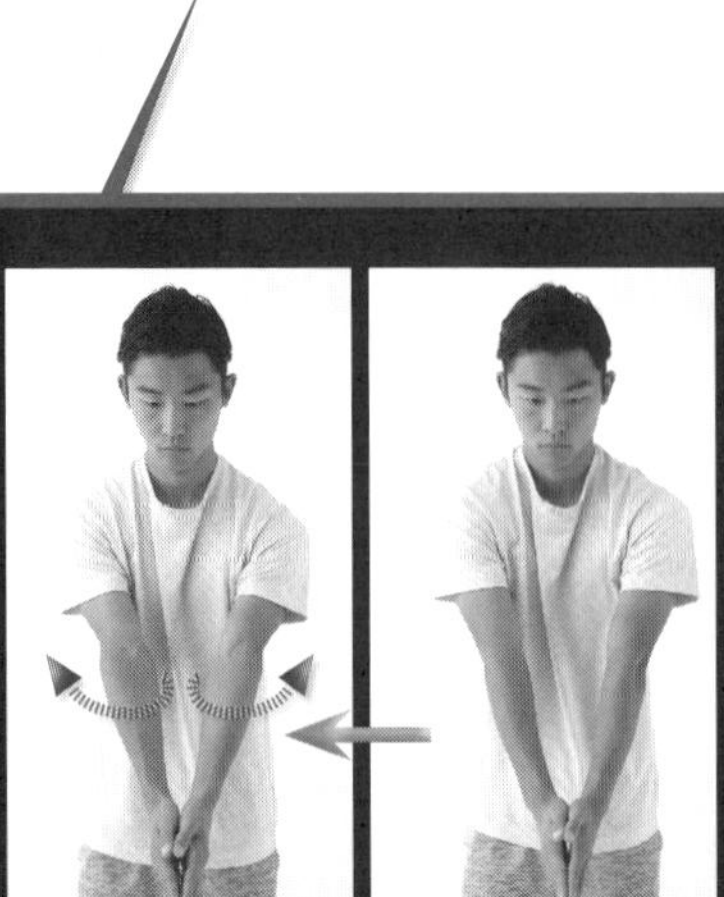

## 2

### わきを意識して両腕を右側に動かす

わきを意識して、両腕を右側に動かす。このとき、股関節も一緒に右側に動かす。

## 3

### わきを意識したまま両腕を左側に押し出す

わきを意識したまま、股関節も一緒に、両腕を左側に押し出す。**2**と**3**を、前鋸筋を使っている感覚がわかるまで10～20回行う。

10回～20回行う

左右

目的別メニュー 10

# 深い呼吸でリラックスしたい

自律神経の整え方として、深呼吸は手軽にできる方法です。腹式ができるようになるには、肋骨を広げる横隔膜と、肩がすくまないように下げる前鋸筋の機能を高める必要があります。ここでは、手をピストルポーズにして前鋸筋を働きやすくしています。

動画でチェック

## 1 あぐらをかいて手をピストルポーズにする

あぐらをかく。両手は、小指、薬指、中指の3指を握ってピストルポーズをとり、足の上に乗せる。肩を下げてわきを締め、みぞおちを丸める。

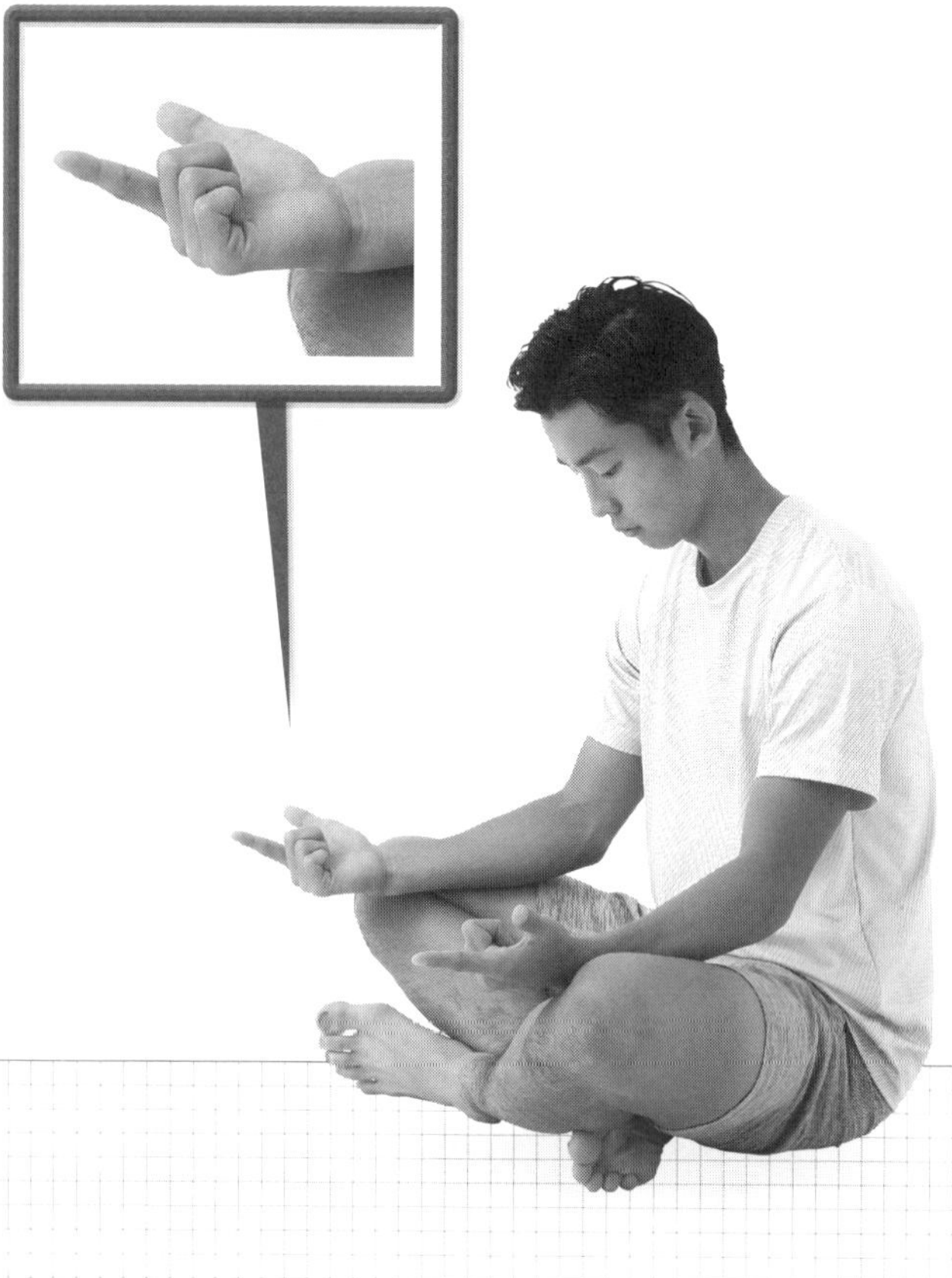

## 2
### 舌を上あごに当て 鼻で息を吸う

舌を上あごに当てたまま、鼻で息を吸う。

## 3
### そのままゆっくりと 鼻で息を吐く

舌を上あごに当てたまま、5～8秒かけて、鼻から息を吐く。**2**と**3**を、10回行う。

腹式呼吸 **10**回

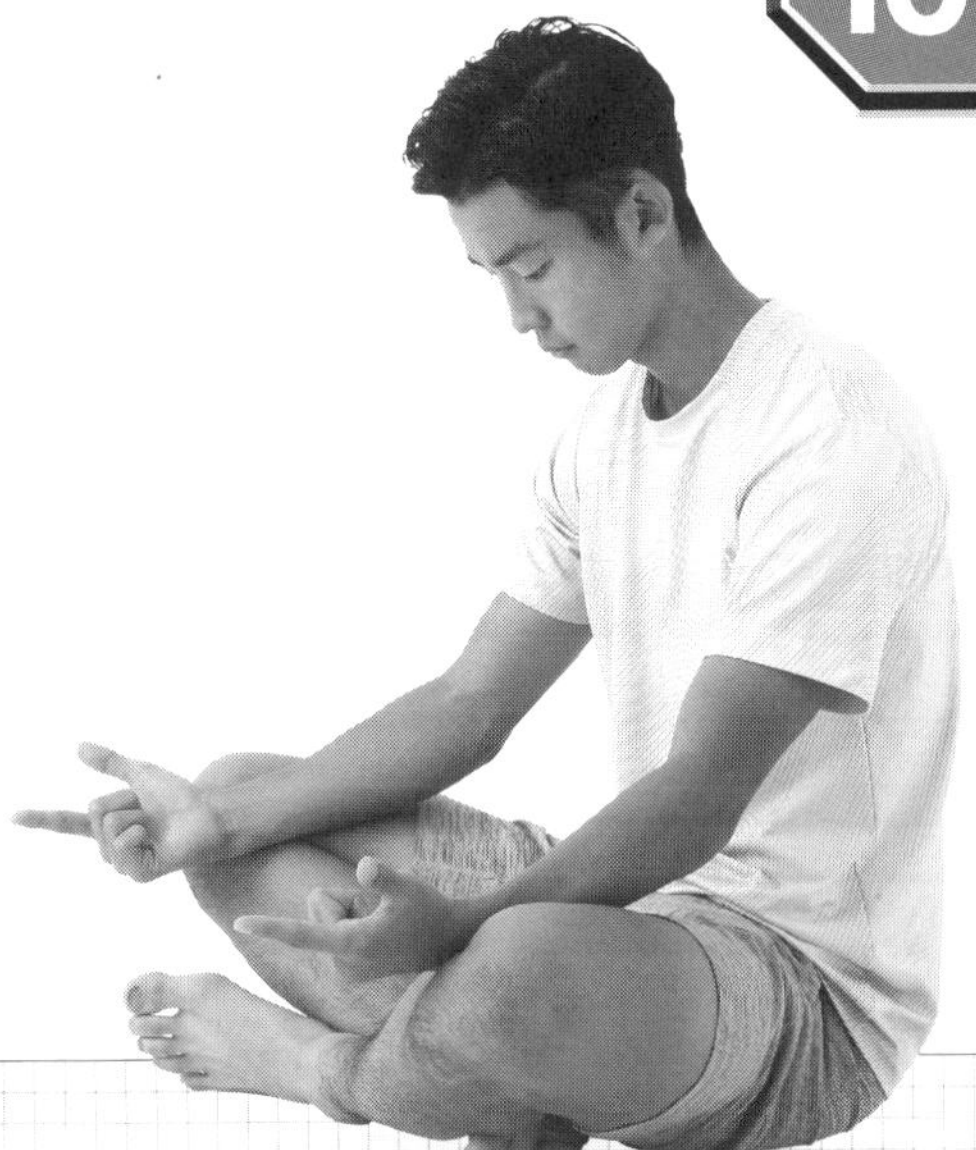

# 監修者おわりに

今まで、整形外科でもスポーツ業界でも肩甲骨を閉じることが大事だと当たり前にいわれてきました。

ですが、肩甲骨を閉じることこそが肩疾患を治りにくくしている原因だと思いますし、スポーツのパフォーマンスを落とす原因になっていると私は思います。

たとえば、体操選手で肩甲骨を閉じる人はいません。プロ野球選手で肩甲骨を閉じる人はいません。

子ども、一般人、セミプロ、プロアスリート、高齢者、すべての人に同じ理論が当てはまらなければ、人々は混乱してしまいます。

また、最近は「体幹」という言葉が流行っていますが、肩甲骨を閉じて体幹トレーニングをしても、三角筋や僧帽筋を力ませて固まってしまうだけです。

本書は、そんな現状に一石を投じる本だと思います。

是非とも肩甲骨を開いて体幹トレーニングを行ってみてください。

本書で監修を務める体軸コンディショニング協会が運営するスクールは、私が代表を務め、著者である柴雅仁さんは卒業生の一人です。

おかげさまで当スクールは、リハビリテーション、整体、スポーツ、ヨガ、ピラティス等の業界で認知されてきました。

そんな中、柴さんが「ストレッチ」という切り口でSNSを通じて有意義な情報を発信し、また続々と書籍を出版されていることは、当スクールとしてもとても喜ばしいことです。


最後になりましたが、私がもっとも影響を受け、師と仰ぐ運動科学総合研究所所長の高岡英夫先生に、この場を借りて最大限の感謝と敬意を表したいと思います。今の私、当スクールがあるのも、高岡理論を学び、成長できたおかげです。

本書を通じ、有用性の高い身体理論が正しく広まることを切に願います。

２０２０年2月吉日
体軸コンディショニングスクール代表　高橋龍三

# 著者おわりに

昔から、カラダが細いのがコンプレックスでした。高校のときの身長は１６９センチ、体重は52キロ。中学・高校とサッカー部に所属していましたが、カラダが小さいためにフィジカル面で弱く、たいして活躍もできない地味な部員でした。そんな自分を変えたくて17歳のときにはじめたのが、筋トレでした。やればやるほど見た目が変わっていく筋トレにドハマり。コツコツ続けるうちに、ガタイがよくなり、力もついてきて、自分に自信が持てるようになりました。その後、スポーツクラブで社員として働くようになった21歳の頃には体重が68キロまで増え、ガリガリだった高校時代とは見違えるようなカラダになりました。

ところが、ちょうどその頃から、ケガや痛みに悩まされるようになりました。とくに困ったのが、肩まわり。筋トレで重量挙げをしているときに、肩関節を亜脱臼して以来、ちょっとした衝撃で肩が抜けるようになってしまったのです。一番ショックだったのは、友達の肩に手をまわしただけで肩が抜けたとき。見た目はたくましいのに、もろすぎる自分の肩に、なんともいえない不安を覚えました。

肩の不調を本気で改善しようといろいろ調べていたときにたどり着いたのが、高岡英夫先生が提唱しておられる、「肩甲骨を立てる」という概念です。甲腕一致になれば、肩関節が安定することを知り、自己流で練習を重ねました。すると、次第に脱臼が起こりにくい、安定した肩の状態をキープできるように変わってきたのです。

私にとって、これは大きな出来事でした。それまで筋肉を鍛えること、大きくすることで頭がいっぱいになっていたわけですが、ケガのない機能的なカラダになるには、それだけではダメだと身をもって知ったのです。本書のテーマである「肩甲骨」は、私自身の転機と切っても切れない関係があるのです。

本書は、肩甲骨の正しい使い方を、体軸の理論で伝えていく一冊です。ケガや痛みを抱えている人だったり、スポーツでパフォーマンスを上げたい人だったり、カラダの使い方を上手くしたいと思っている人に向けた内容です。なるべくわかりやすく、続けやすいようにと、考えて書いたつもりです。本書が、以前の私と同じように、読者のみなさんのカラダや意識を変えるきっかけになるとうれしいです。

最後になりましたが、僕の師であり、本書の監修を快く引き受けてくださった高橋龍三先生に、この場を借りて深く感謝申し上げます。

２０２０年2月　柴　雅仁

### 著者 ● 柴 雅仁

NSCA認定パーソナルトレーナー／JCMA認定体軸セラピスト／鍼灸師
横浜鶴見・蒲田を拠点に、関節痛のセルフケアやスポーツパフォーマンスの向上を指導するパーソナルトレーナー。ブログ「セルフケアラボ」やTwitter、YouTube等で、痛みのない動けるカラダをつくるためのストレッチやトレーニング方法を発信している。

### 監修 ● 体軸コンディショニング協会

スポーツトレーナーであり施術家である高橋龍三氏が主宰。施術、スポーツ、仕事等すべてのパフォーマンスを向上させる「体軸理論」を世に広めるべく、体軸コンディショニングスクールを運営する。

**体軸コンディショニングスクール**
東京都中央区銀座 6-4-8　曽根ビル 8F
電話 ● 03-6264-6875
ホームページ ● https://metaaxis.co.jp/



***Staff***

| | |
|---|---|
| カバーデザイン | 山之口正和（OKIKATA） |
| 本文デザイン | 柿沼みさと |
| 編集・執筆協力 | 永瀬美佳（Lush!） |
| 写真 | 山上 忠 |
| イラスト | 中川原 透 |
| モデル | 西村晋志朗 |
| ヘアメイク | 末光陽子 |

**肩甲骨は閉じない、寄せない　開いて使う!**
**体幹が安定して動けるカラダに変わる**

2020年3月11日　第1版第1刷発行
2021年2月9日　第1版第2刷発行

| | |
|---|---|
| 著　者 | 柴 雅仁 |
| 発行者 | 岡 修平 |
| 発行所 | 株式会社PHPエディターズ・グループ<br>〒135-0061　江東区豊洲 5-6-52<br>03-6204-2931<br>http://www.peg.co.jp/ |
| 発売元 | 株式会社PHP研究所<br>東京本部　〒135-8137　江東区豊洲 5-6-52<br>普及部　03-3520-9630<br>京都本部　〒601-8411　京都市南区西九条北ノ内町 11<br>PHP INTERFACE　https://www.php.co.jp/ |
| 印刷・製本所 | 凸版印刷株式会社 |




ISBN978-4-569-84656-9